D1934364

BASTEI
LÜBBE

Ingrid Pelletier

Leben in Japan

Begegnungen
im Land der
aufgehenden Sonne

BASTEI
LÜBBE

BASTEI-LÜBBE-TASCHENBUCH
Band 10 930

Originalausgabe
Copyright © 1987 by Gustav Lübbe Verlag GmbH, Bergisch Gladbach
Printed in West Germany, November 1987
Titelbild: Gruner & Jahr
Fotos (Umschlag und Innenteil): Ingrid Pelletier
Einbandgestaltung: Klaus Blumenberg, Köln
Satz: ICS Communikations-Service GmbH, Bergisch Gladbach
Druck und Bindung: Ebner Ulm
ISBN 3-404-10930-9

Der Preis dieses Bandes versteht sich
einschließlich der gesetzlichen Mehrwertsteuer

Inhalt

Vorwort

Japaner halten sich für anders als alle anderen Menschen. Mit Japanern wirst du nie Freundschaften schließen können. Japaner werden dich nie in ihr Haus einladen.
Nie wirst du verstehen, was Japaner hinter der Maske ihres Lächelns wirklich denken und fühlen.

Viele Urteile und Vorurteile, die mir als ›guter Rat‹ mit auf die Reise gegeben wurden, habe ich bestätigt gefunden – andere aber auf Anhieb widerlegt.
Fünf Jahre lebe ich nun in Japan, das ich zwar von Tag zu Tag weniger fremd, aber immer wieder neu als ein Land voller Rätsel und Widersprüche empfinde.
Vor allem in Tokio, wo ich mit meiner Familie wohne, habe ich den japanischen Alltag beobachtet, in dem ich mich zurechtfinden mußte. Ich habe Zufallsbekannte erzählen lassen und guten Freunden zugehört. Durch den Beruf meines Mannes fand ich vielleicht öfter und leichter Zugang zu interessanten Menschen und Ereignissen.
Aber heute noch fasziniert mich dieses Land, das uns in vielem so nahe und verwandt erscheint und uns doch – nicht nur geographisch – so unendlich fern liegt.
In meinen Japan-Alltag möchte ich Sie in diesem Buch mitnehmen, das eine ganz persönliche Sammlung von ›Momentaufnahmen‹ ist. Also kein Handbuch zum richti-

gen Verständnis Japans und der Japaner, denn nichts ist einem Japaner unheimlicher als ein Fremder, der vorgibt, Japan verstanden zu haben.

Tokio, im März 1987

Neu in Tokio – verloren unter 12 Millionen

Eine Stimme aus dem Lautsprecher unterbricht das monotone Surren der Triebwerke: »Sie können gleich zu Ihrer Rechten den Mount McKinley sehen. Der Blick auf den höchsten Berg Nordamerikas ist selten, meist ist er von Wolken verdeckt. Wir verlassen jetzt unsere Reiseflughöhe und werden in wenigen Minuten in Anchorage landen.«

Halbzeit: Alaska.

Vor uns liegt ein ausgedehntes, flaches Flughafengebäude in der unendlich weiten, hier und dort noch von Schneefeldern bedeckten Landschaft. An den Gangways haben fünf, sechs Jumbos festgemacht. Sie müssen hier auftanken für den fast ebenso langen zweiten Streckenabschnitt: den Flug über den Nordpazifik nach Tokio. Alle Passagiere müssen von Bord.

»*Sumimasen* – Entschuldigung«, murmelte die ältere Japanerin, die entschlossen an mir vorbeieilt und mich dabei mit ihrem Handgepäck streift. Hinter ihr hasten Dutzende Japaner auf ein Ziel zu, das ich noch nicht kenne, aber bald zu sehen bekomme: den riesigen Duty-free-Shop dieser Zwischenstation im äußersten Norden Amerikas.

Wir haben eine knappe Stunde Aufenthalt. Eine Zeitspanne, die die meisten europäischen Mitreisenden müde auf den Stühlen in der Wartehalle verbringen, während

sich Hunderte von Japanern an die Theken und Regale des zollfreien Ladens drängen, als würde dort etwas verschenkt. Ein Blick auf die Preise zeigt mir, daß sie höher sind als in jedem anderen Duty-free-Shop, den ich in Europa kenne.
Doch die Japaner kaufen alles, offenbar nach der Devise: Was teuer ist, muß gut sein. Sie lassen sich Rolex-, Cartier- und Dunhilluhren zeigen, hamstern tiefgefrorene Rindersteaks, lassen sich lebende Alaska-Lobster in mit Wasser gefüllte Frischhaltedosen verpacken, schleppen Whisky-, Cognac- und Likörflaschen in Richtung Gangway, als unser Flug wieder aufgerufen wird.
Es scheint, als nutzten sie die letzte Chance, sich mit Konsumartikeln einzudecken, bevor sie in ein unterversorgtes Entwicklungsland kommen. So habe ich mir jedoch Japan, auf das ich mich lange vorbereitet hatte, ganz und gar nicht vorgestellt.
Nur wenige Flugstunden trennen uns nun noch von dem Land, in dem wir die nächsten fünf Jahre leben sollen. Fünf Jahre, so lange läuft der Vertrag meines Mannes. Gerd soll als Fernsehkorrespondent für die ARD aus Japan und Fernost berichten.
Unser Sohn Marcel schläft. Zum zweiten Mal, nachdem er schon mit uns in den USA gewesen war, hatte er alle seine deutschen Freunde verlassen müssen – auch seine Schwester. Erst kurz vor dem Umzug hatte sich Nicole entschlossen, doch lieber in Deutschland zu studieren.
Bei fast nachtschwarzem Himmel landen wir auf Tokios Internationalem Flughafen Narita. Es ist August – Ferienzeit – und mir kommt es so vor, als sei halb Japan hier versammelt. Eilig bewegen sich die Menschenmassen zur Paßkontrolle. Als wir dort angekommen sind, drängen sich bereits die Passagiere von drei weiteren Jumbos vor den Schaltern und warten in lan-

gen Reihen geduldig auf den Einreisestempel. Japaner hinter Japanern – und wir vor dem Schild ›Nicht-Japaner‹.
Die Beamten nehmen sich viel Zeit für jeden einzelnen, und es dauert fast eine Stunde, bis wir endlich auch die Zollkontrolle passiert haben.
In der Halle kommen uns Hirose-san und Herr Hinzpeter aus dem Studio mit einem Fäßchen Sake zur Begrüßung entgegen: »Willkommen in Tokio!«
Wir verlassen das klimatisierte Flughafengebäude, und ich habe draußen das Gefühl, in eine Waschküche zu treten. Es ist stickig schwül, und die feuchte Hitze treibt uns, nach den wenigen Schritten bis zum Parkplatz, das Wasser aus allen Poren.
»Leider wird für heute abend auch noch ein Taifun erwartet«, sagt Herr Hinzpeter. »Er nimmt Kurs auf Tokio. Wir müssen uns beeilen, damit wir noch vor dem Regen ankommen. Die Autobahn ist sehr voll.«

Tokio im Taifun

Der Flughafen Narita liegt 70 Kilometer außerhalb der japanischen Hauptstadt auf dem Lande. Bevor der Bau des neuen Flughafens gegen den erbitterten Widerstand der Bauern erzwungen wurde – so erfahre ich später –, lagen hier draußen, auf dem besten Boden an der Bucht von Tokio, einmal die kaiserlichen Gärten.
Wir fahren vorbei an Reisfeldern in sattem Grün, kleinen Wäldern und Bauernhäusern zwischen hügeligen Wiesen. Die geschwungenen Dächer mit den lasierten kobaltblauen und grauen Ziegeln erinnern mich an ein Abschiedsgeschenk unserer Freunde: Das ist Japan wie im Bilderbuch!
Nach einer halben Stunde Fahrt ändert sich das Bild

Tokio, ein Häusermeer bis zum Horizont. Heimat für 12 Millionen Menschen.

schlagartig: Hinter hohen Betonmauern rechts und links der Autobahn ragen Hochhäuser und triste Lagerhallen in den grauschwarzen Himmel. Über ihnen, wie Spinnennetze, ein Gewirr von Hochspannungsleitungen. Vereinzelt sind die vielen verwitterten Leitungsmasten von Bäumen verdeckt, deren Äste an den Stellen gestutzt sind, wo die dicken Kabel ihren Platz beanspruchen. Dahinter die ersten Wohnsilos. Auf jedem ihrer Mini-Balkone flattert Wäsche in der abgasverschmutzten Luft.
Langsam führt die Autobahn auf Stahlstelzen in die Höhe. Sie überquert nun in der dritten Etage zwei tiefergelegene Straßentrassen. Aus der Vogelperspektive sieht dieser Stadtteil von Tokio noch trostloser aus.
Im Autoradio ist die Musik verstummt. Es kommen nur noch pausenlos Taifun-Warnungen.

Die Stadtautobahn. Verkehr in 3–4 Etagen

Endlich – wir sind fast zwei Stunden gefahren – halten wir vor dem Hotel. »Taifun Nr. 12 hat Tokio erreicht.« Es ist früher Nachmittag, aber schon stockdunkel. An der Hotelrezeption herrscht Hochbetrieb. Während wir die Papiere ausfüllen, wird uns ein wunderschöner Blumenkorb überreicht: ›ARD-Studio Tokio wünscht viel Glück für die kommenden Jahre.‹ Herr Hinzpeter und Hirose-san verabschieden sich schnell, um noch vor dem einsetzenden Regen nach Hause zu kommen.
Draußen heult und pfeift der Wind und treibt Blätter und Zweige gegen die gläsernen Eingangstüren. Das Hotelpersonal schleppt hastig schwere Palmenkübel von der Auffahrt in die Halle. Aus unserem Zimmerfenster ist von der Stadt nichts mehr zu sehen. Der Sturm peitscht jetzt die Regenmassen waagerecht gegen die Scheiben, als käme das Wasser aus dicken Feuerwehrschläuchen. Doch 24 Stunden nach unserer Abreise aus Deutschland sind wir zu müde, um das Naturspiel noch länger zu betrachten.

Am nächsten Tag, unserem ersten Sonntag in Japan, fahren wir in den Stadtteil Shibuya. Wir nehmen eine der über 40 000 Taxen von Tokio. Der Innenraum des Wagens ist eine einzige Pracht in Weiß. Strahlendweiße Schonbezüge über den Sitzpolstern im Fond, weiße Spitzendeckchen über den Kopfstützen, die Hände des Fahrers am Lenkrad in weißen Handschuhen. Die Krönung: Mit Gummibändchen hinter dem Ohr befestigt, trägt unser Chauffeur einen weißen Mundschutz: Er ist erkältet und möchte seine Fahrgäste nicht anstecken.
Der Himmel ist wieder strahlend blau, das Straßenpflaster dampft noch, und bald trocknen auch die letzten Regenpfützen in der glühenden Sonne.
Einige Hauptgeschäftsstraßen sind heute für den Auto-

Jeden Sonntag ›Schlußverkaufsstimmung‹. Eine Einkaufsstraße im Stadtviertel Harajuku.

verkehr gesperrt, und die Fußgänger schieben sich voran wie bei uns in Deuschland an den langen Samstagen.
Zum ersten Mal werde ich mir meiner ›Größe‹ bewußt: Um Haupteslänge überrage ich die Menschen um mich her, und nur hin und wieder blicke ich in ein japanisches Augenpaar auf meiner Höhe.
Vor einem großen Kaufhaus spielt eine Rockgruppe mit allen dazugehörenden elektronischen Verstärkern. Über die Straßenkreuzung vor dem Bahnhof rollen Lautsprecherwagen der Rechtsradikalen und verkünden in zigfacher Tonverstärkung politische Parolen.
Auf den schmalen Bürgersteigen zwängen wir uns an langen Tischen vorbei, auf denen die Geschäfte ihre Sonderangebote anbieten. Auf jeder dieser Theken ste-

hen zwei riesige Lautsprecherboxen, aus denen die Verkaufslitanei vom Tonband dröhnt.
Tokio ist eine laute Stadt. Lauter als jede andere, die ich kenne. Es ist wie eine Ironie, daß mir gerade jetzt die vielen Japen-Bücher einfallen, in denen ich von der ›Kultur der Stille‹ gelesen hatte.
Von der Hauptstraße biegen wir in eine Gasse ein, die so eng ist, daß wir nur mit Mühe einem entgegenkommenden Radfahrer ausweichen können. In dieser Gasse grünt und blüht es auf engstem Raum. Vor den niedrigen, oft nur zwei bis drei Meter breiten Holzhäuschen stehen in handtuchgroßen Gärten unzählige Topfblumen und Miniaturbäume, die Bonsai. Ein alter Mann kommt aus einem der Häuser und klappert auf seinen *geta,* den traditionellen japanischen Holzsandalen, über den Steinweg, um seine Blumen zu gießen. Er trägt einen graublauen Baumwollkimono, den *yukata.* Nun füttert er seine Vögel in einem Käfig, der draußen an der Hauswand in einer Nische steht.
Über den schmalen Geländern der winzigen Balkone hängen leuchtendbunte *futons* – baumwollgefütterte Schlafmatten und Decken – zum Lüften in der Sonne. Aus einer offenstehenden Tür duftet es nach Gegrilltem und Sojasoße. Vor dem Fenster klebt die Speisekarte, in japanischen Schriftzeichen kunstvoll gemalt. Die Eingangstür ist so niedrig, daß wir nur gebückt hineingehen können.
Es ist eine der vielen Mini-Kneipen, die mich an das Zimmer eines Puppenhauses erinnern: eine Kochnische, ein Tischchen mit vier kleinen Stühlen. Über dem Tisch baumelt eine Hängelampe aus Reispapier und verbreitet ein gemütlich warmes Licht.
Hinter der Theke brutzelt der Wirt auf einem alten Herd in gußeisernen Pfannen Fleisch und Fisch für seine Gäste, für vier Personen – und alles auf acht Quadratmetern! Er

entschuldigt sich immer wieder und verbeugt sich dabei viele Male, weil wir keinen Platz mehr finden.
An der nächsten Ecke erinnert mich Tokio noch mehr an ein kleines Dorf: der Tante-Emma-Laden neben der Mini-Bäckerei, die Drogerie neben dem Gemüsestand, der Fischladen neben der Blumenfrau.
Die breite Holzschiebetür einer kleinen Schneiderei steht offen. Bei über 30 Grad im Schatten sitzt unter einer grellen Neon-Lampe eine alte Frau an der ratternden Nähmaschine in dem fensterlosen Raum. Hinter ihr an der Wand sind die Stoffballen bis unter die Decke gestapelt.
Wenige Schritte weiter bleiben wir vor dem Schaukasten einer Gaststätte stehen. Auf gläsernen Regalen locken uns kunstvoll angerichtete exotische Speisen: Reisbällchen mit Seetang umwickelt, dunkelroter und blaßwei-

Ein Restaurant in Tokio.

ßer roher Fisch, zu Blüten geformt, mit Seetang und frischen Blättern umlegt. In schwarz-roter Lackschale klare Suppe mit Möhrenröschen, braun gebratene Fleischwürfel mit Sojabohnen-Sprößlingen, Shrimps-Tempura, in Teig getauchte und in Öl fritierte Garnelen. All die Speisen sehen zum Reinbeißen echt aus, aber sie sind aus Plastik. Japaner essen zuerst mit den Augen und wollen deshalb ganz genau wissen, was in einem Restaurant auf den Tisch kommt – und vor allem, wie es angerichtet ist. Auch wir sind erleichtert, denn noch können wir die Speisekarte nicht lesen.

Doch umgekehrt wären auch die vielen Japaner hilflos, die immer häufiger die zahlreichen fremden Spezialitätenrestaurants besuchen. Denn ›Canelloni‹, ›Lasagne‹ und ›Fettucine‹ würden ihnen nicht das geringste sagen, wenn sie nicht der Auslage oder der reichbebilderten Speisekarte entnehmen könnten, was sich in etwa dahinter verbirgt.

»*Irasshaimase* – Willkommen!« klingt es uns vielstimmig entgegen, und beim Eintreten verbeugt sich der Kellnerchor. Kaum haben wir Platz genommen, werden auf kleinen Bambusschalen *o-shibori* gereicht, das sind feuchtheiße Stoffservietten, mit denen man Gesicht und Hände reinigt.

Wir bestellen von der Karte ›Bild zwei‹: Suppe mit Möhrenröschen und Fleisch in Teriyaki-Soße mit Sojabohnen-Sprossen. Am Nebentisch beobachten uns ein paar Mädchen und kichern verlegen hinter vorgehaltener Hand, denn erst beim dritten Versuch bleibt mir der Reis zwischen den Stäbchen haften.

Am Ende der Mahlzeit bringt der Kellner noch für jeden einen Becher grünen Tee, in dem winzige hellgelbe Blümchen schwimmen.

Es war unser erstes original-japanisches Essen. Noch kein sehr gewagtes lukullisches Experiment, aber immerhin

Fahrkarten-Automaten in einem Vorort-Bahnhof.

schon ein Vorgeschmack darauf, daß uns hier in Tokio durchaus angenehme Gaumenfreuden bevorstehen würden.

Im Irrgarten der U-Bahn

Es ist Mittwoch nachmittag 17.30. Ich habe mich um 19 Uhr mit einer deutschen Familie in Denenchofu verabredet, einem der schönsten und grünsten Vororte Tokios. Mit einem U-Bahn-Plan, auf dem die Stationsnamen in Englisch verzeichnet sind, stehe ich in der Bahnhofshalle in der Nähe unseres Hotels. Um diese Zeit ist gerade Büroschluß, und Tausende treten die oft stundenlange Heimfahrt an. Sie strömen aus den Ministerien und Konzern-Büros, aus Geschäften und Restaurants der Innenstadt: 23 Millionen Fahrgäste pro Tag zählt die Statistik der städtischen und privaten Verkehrsbetriebe von Tokio. 23 Millionen! Das heißt, mehr als ein Drittel der bundesdeutschen Bevölkerung wird in dieser einen Stadt jeden Tag von Bahnen und Bussen hin- und hergefahren.

Alle drängen zu den Fahrkartenautomaten. Ich auch. An der Wand hängt ein U-Bahn-Fahrplan, der meinem überraschend ähnlich sieht, bis auf die Stationsnamen. Sie sind in *kanji,* chinesisch-japanischen Schriftzeichen, gedruckt. Es hilft mir auch gar nicht, darunter die Fahrpreise zu sehen, denn ich kann den Namen meines Zielbahnhofs, Denenchofu, nicht entziffern.
Jeder läuft eilig an mir vorbei, und ich wage niemanden um Hilfe zu bitten. Plötzlich zupft mich eine junge Japanerin am Ärmel: »Can I help you? – Kann ich Ihnen helfen?«
Sie erklärt mir zunächst, daß ich umsteigen muß und mit nur einer Fahrkarte gar nicht nach Denenchofu gelangen

kann. Der Anschlußzug gehört zu einer Privatbahn, für die eine neue Fahrkarte gelöst werden muß. Schließlich führt sie mich noch auf den richtigen Bahnsteig und wartet winkend, bis der überfüllte Zug abgefahren ist.

Am Umsteige-Bahnhof Meguro stehe ich erneut vor meinem Fahrplanproblem. Nur befinden sich diesmal in der Halle zwei Reihen von Fahrkartenautomaten – auch noch in unterschiedlicher Farbe. Welche gehört zur Privatbahn?

Ermutigt durch die vorhin erfahrene Hilfsbereitschaft, spreche ich nun, halb japanisch, halb englisch, einen älteren Herrn an.

Zum Glück versteht er mein Problem, wenn er mir auch nicht verständlich antworten kann. Der Name »Denenchofu« genügt – er drückt die richtige Automatentaste – ich habe meine Fahrkarte. Mit einer tiefen Verbeugung verabschiedet sich mein Helfer.

Vor dem einfahrenden Zug verläßt mich der Mut: Es ist aussichtslos, durch die auf dem Bahnsteig wartenden Menschenmassen die Türen zu erreichen. Ich kann sie nicht einmal sehen. Doch von der Menge werde ich vorangeschoben. Ein letzter kräftiger Schubs, und die elektrischen Türen schließen sich hinter mir. Ich suche verzweifelt nach einem Haltegriff und stelle in der nächsten Kurve fest, daß ich ihn nicht brauche. Wir stehen so eng zusammengepfercht, daß niemand umfallen kann.

Drei Stationen weit bin ich schon gefahren. An jeder Haltestelle werden noch mehr Fahrgäste in den bereits überfüllten Zug gezwängt. Da schiebt sich im Gewühl der ein- und aussteigenden Fahrgäste eine Gestalt vor mich hin, die mir bekannt vorkommt: mein Helfer vom Bahnhof Meguro. Freundlich lächelnd streckt er mir die Hand entgegen, mit zwei erhobenen Fingern: »Denenchofu, Denenchofu!« An der übernächsten Station muß ich also aussteigen.

23 Millionen Fahrgäste pro Tag in Tokios U- und S-Bahnen. Oft helfen ›Drücker‹ mit weißen Handschuhen beim Einsteigen nach.

Ist er doch tatsächlich mitgefahren und hat mich selbst im dicksten Gedränge nicht aus den Augen gelassen, nur um sicherzustellen, daß ich mein Ziel erreiche.
Auch Denenchofu gehört noch zu Tokio. Es ist ein Vorort dieser Riesenstadt, mit einem mir bisher unbekannten Gesicht: Statt der sonst üblichen U-Bahn-Stationen aus grauem Beton verlasse ich einen kleinen ›Dorfbahnhof‹, der europäischer nicht aussehen könnte: rote Ziegel zwischen weißem Gebälk unter einem spitzen Dach. Rund um den Vorplatz haben einige Cafés und Restaurants weiße Tische und bunte Sonnenschirme aufgestellt. Dahinter säumen hohe Bäume die Straßen, die sternenförmig in den Ort führen.
Nur die Jungen und Mädchen in ihren blauschwarzen

Schuluniformen, die diese Idylle bevölkern, erinnern mich daran, daß ich in Japan bin. Hier – so geht es mir durch den Kopf – könnte ich leben, ohne mich in der Fremde zu fühlen.

Seit Wochen auf Wohnungssuche

Eines der schwierigsten Probleme für Tokio-Neulinge hatten wir eigentlich bereits abgehakt: die Wohnungssuche. Schon in Deutschland besaßen wir Fotos und Pläne eines im westlichen Stil erbauten, geräumigen und erst drei Jahre alten Hauses. Es gefiel uns auf Anhieb, und wir hatten nur den einen Wunsch, es uns vor Abschluß des Mietvertrages noch selbst anzusehen.
Gerds Kollegen im Studio hatten diese ›Ringeltaube in günstiger Lage‹ entdeckt, und sie waren überzeugt, sie für uns bis zu unserer Ankunft reserviert zu haben.
Nun stehen wir mit dem Makler auf der Wiese vor dem Haus und sind begeistert. Es ist noch schöner als auf allen Fotos. Nur eins stört die vollkommene Harmonie: Der Makler reibt nachdenklich sein Kinn zwischen Daumen und Zeigefinger und saugt die Luft mit einem Zischlaut durch die Zähne – wie es Japaner immer tun, wenn sie vor einem Problem stehen. Dann sagt er: »*Ano ne, chotto mondai desu* . . . Also wissen Sie, es gibt da ein kleines Problem. Ich habe das Haus leider gestern abend an eine andere deutsche Familie vermietet.«
Nun hatten *wir* ein Problem, und was für eins! Innerhalb weniger Tage lernen wir alle Immobilienmakler Tokios kennen. Sie kutschieren uns zu sämtlichen 48 Häusern, die es zu diesem Zeitpunkt auf dem ›Wohnungsmarkt für Ausländer‹ noch gibt, also zu dem Rest, den andere übriggelassen hatten.
Wohnungen oder Häuser, die Japanern angeboten wer-

den, bekommen wir erst gar nicht zu sehen. »Die meisten *gaijin* (Ausländer) können damit sowieso nichts anfangen«, erklärt man uns. »Ihre vielen schweren Möbel würden die teuren Böden zerstören, die mit *tatami* – Reisstrohmatten ausgelegt sind.«
Jeden Morgen holt uns ein anderer Makler vor dem Hotel ab, und wir fahren stundenlang durch den zähflüssigen Verkehr – um dann nur immer neue Enttäuschungen zu erleben. Viele Häuser stehen seit Monaten, einige schon seit Jahren leer. Jedoch nicht ohne Grund.
Oft waten wir duch meterhohes Gras der kleinen Vorgärten, an vertrockneten Büschen vorbei zum Eingang. Aus dunklen Räumen schlägt uns Modergeruch entgegen. Manche Tapeten sind grün verschimmelt, weil in der feuchten Sommerhitze die Klimaanlage schon seit Monaten nicht mehr gelaufen ist.
Überhaupt fällt mir auf, in welch verwahrlostem Zustand uns Häuser angeboten werden. »Die Eigentümer werden das schon in Ordnung bringen, wenn Sie erstmal ja gesagt und Ihre Kaution von sechs Monatsmieten gezahlt haben«, tröstet uns der Makler.
Es gibt keine Keller und selten Abstellräume. Die Wände aus Fertigmaterial sind so dünn, daß wir die Gespräche der Nachbarn mit anhören können. Manchmal können wir sie sogar durchs Fenster per Handschlag begrüßen, so ›hautnah‹ stehen die Häuser nebeneinander. Erst später erfahren wir, daß die attraktiven Wohnungen erst gar nicht den Maklern zur Vermittlung angeboten werden. Noch bevor sie Tokio verlassen, ›vermachen‹ die Mieter sie direkt ihren Nachfolgern.
Schon die Summen, die uns für die ›Ladenhüter‹ genannt werden, lassen unsere Freunde daheim vermuten, wir seien dabei, den Kaiserpalast zu mieten.
Monatsmieten von umgerechnet 9000,– bis 12 000,– DM sind die Regel. Zwei-Zimmer-Apartmentwohnungen

gehen für 6000,– bis 8000,– DM weg. Für größere Apartmentwohnungen werden meist höhere Mieten verlangt als für Einfamilienhäuser. Überhaupt ist Japans Hauptstadt die teuerste Wohngegend der Welt. Gut 12 Millionen Menschen leben in Tokio. Fünfeinhalbtausend auf einem Quadratkilometer, 16mal so viel wie in Europas dichtbevölkertstem Land, den Niederlanden. Kaum irgendwo auf der Erde leben so viele Menschen auf so engem Raum wie in Japan: vier Fünftel der Einwohner auf einem Fünftel der Landfläche ihrer Insel.

In Tokio ein Haus zu bauen kommt dem Besitz von Bodenschätzen gleich. Ein Quadratmeter Land kostet zur Zeit im Durchschnitt 15 000 DM. In Spitzenlagen, den als besonders fein geltenden Wohnvierteln, werden bis zu 100 000 Mark verlangt. Die Grundstücke an Tokios Prachtstraße, der Ginza, sind die teuersten des ganzen Landes. Dort kostete im Januar 1987 ein Quadratmeter 365 000 Mark.

Bei meinen Fahrten durch die Stadt beobachtete ich immer wieder, zu welch architektonischen Verirrungen das Festhalten alteingesessener Familien an ihrem Grundstück führen kann. Da kapitulieren die größten Baulöwen vor der Beharrlichkeit eines alten Ehepaares, das um keinen Preis seine wacklige Holzbude einem prächtigen Neubau opfern will. Und während in dem winzigen Gärtchen die Bonsai verwelken, ist der Prunk-Apartment-Bau längst fertig: einfach um die alte Bude herumgebaut. Hier wird mir zum ersten Mal ein Stück fernöstlicher Denkweise klar: der Zwang und die Bereitschaft zum Kompromiß.

Guten Tag, Frau Blumeninsel

Der Einkaufsbummel an diesem Sonntagnachmittag war gar nicht geplant. Der Makler setzte uns vor den Türen eines Kaufhauses in Bahnhofsnähe ab, und sofort bleibt mein Sohn Marcel vor einem Schaufenster stehen, dessen Dekoration durch ihre Sparsamkeit beeindruckt: ein schweres Motorrad, eine blondhaarige Schaufensterpuppe in bunter Freizeitkleidung lässig dagegengelehnt, im Hintergrund eine leere Parkbank, sonst gar nichts.

»Spitze!« ruft Marcel, den Blick starr auf das Motorrad gerichtet. »Da müssen wir rein!« Wir verabreden uns in einer Stunde am Haupteingang, und schon ist Marcel verschwunden.

Wo immer wir an den Ladentheken stehenbleiben, verbeugen sich die Angestellten und heißen uns lächelnd »Herzlich willkommen.« In der Schmuckabteilung interessiert mich eine Ausstellung alter Jade- und Elfenbeinketten. Ich bin von den Formen und Farben fasziniert. Jadeglöckchen hängen an schilfgrünen Seidenschnüren, dazwischen feingeschnitzte Perlen aus vergilbtem Elfenbein.

Unaufdringlich und zuvorkommend versucht mir eine Verkäuferin bei der Auswahl zu helfen. Sie erzählt eine Menge dabei, aber ich verstehe sie nicht. Gerd wird ungeduldig und bittet mich: »Entscheide dich doch bald!«

Da spricht mich eine Japanerin, die links neben mir steht, in fließendem Deutsch mit Wiener Akzent an: »Die steht Ihnen aber sehrrr gut!«

»Vielen Dank«, erwidere ich, »wo haben Sie so gut Deutsch gelernt?«
»Ich habe in Wien Musik studiert«, antwortet sie und lächelt mich dabei strahlend an.
Mit dem schulterlangen schwarzen Haar, das ihr rundes Gesicht einrahmt, ihren warmen braunen Augen und ihrer Pfirsischhaut sieht sie sehr hübsch aus. Sie ist mir auf Anhieb sympathisch, und ich würde sie gerne näher kennenlernen.
Doch während ich noch überlege, wie ich den Kontakt vertiefen kann, steckt sie schon ihr Wechselgeld ein, lächelt noch einmal zu uns herüber und entschwindet in Richtung Ausgang.
Plötzlich ist der Schmuckkauf Nebensache geworden. Andere Gedanken schießen mir durch den Kopf. Wie kann ich sie wiedertreffen? Habe ich die Chance schon verpaßt?
»Du kannst doch nicht . . .«, höre ich Gerd noch rufen, und dann bin ich auch schon im Kaufhaus-Gewühl verschwunden. Natürlich kann man nicht. Wie oft hatten mir Freunde gesagt: »Dränge dich Japanern niemals auf, du bringst sie sonst dazu, ihr Gesicht zu verlieren. Um in Japan einen Kontakt herzustellen, braucht man immer einen *Go-between* – einen Vermittler.«
Kurz vor dem Ausgang habe ich sie endlich eingeholt. »Entschuldigung«, spreche ich sie aufgeregt an. »Kann ich Sie noch einmal wiedersehen? Wir ziehen nach Tokio, aber wir haben noch keine Adresse. Darf ich Ihnen die Karte vom Büro meines Mannes geben?«
Die Japanerin blickt mich erstaunt, fast erschrocken an. Zögernd, aber höflich lächelnd nimmt sie die Karte entgegen. »Vielen Dank«, antwortet sie und wendet sich zum Gehen . . .

Das Schiff mit unserem Umzugscontainer ist immer noch nicht in Yokohama angekommen. Gerd arbeitet sich im neuen Studio ein. Ich bin mit Marcel sehr viel allein. Das Hotelleben langweilt ihn, und er schreibt täglich Briefe an seine Freunde, die er sehr vermißt. Oft wirkt er bedrückt und traurig. Die bis jetzt noch erfolglose Haussuche macht auch mich ungeduldig und stimmt mich gereizt.
An einem Nachmittag ruft Gerd aus dem Büro an: »Da hat eine Frau Hanajima angerufen. Es ist die Japanerin, der du vor drei Wochen in dem Kaufhaus begegnet bist. Sie möchte dich morgen um drei Uhr im Hotel besuchen.«
Seit Wochen hatte ich vergeblich auf diesen Anruf gewartet, um so mehr freue ich mich jetzt, daß sie sich doch noch meldet.
Am nächsten Tag kommt sie mir pünktlich um drei in der Hotelhalle entgegen und begrüßt mich sehr herzlich. »Ich freue mich, Sie zu sehen. Mein Name ist Hanajima, das heißt auf deutsch Blumeninsel.«
»Guten Tag, Frau Blumeninsel«, sage ich lachend und habe dabei – vielleicht nur allein – das Gefühl, das Eis gebrochen zu haben.
Der Gedanke an diese im Kaufhaus erzwungene Begegnung und mein dabei sicher äußerst unjapanisches Vorgehen macht mich in diesem Augenblick unsicher und gehemmt. Doch Frau Hanajima kommt mir mit ihrer offenen, so gar nicht gekünstelten Art, ihrem nie versiegenden charmanten Lächeln entgegen. »Ich bin so froh, nach vielen Jahren endlich mal wieder richtig Deutsch sprechen zu können«, sagt sie. »Bitte verbessern Sie mich gleich, wenn ich Fehler mache. Es ist schon so lange her . . .«
Wir schlendern durch die Hotelhalle zum Teesalon. An einem weißen Flügel sitzt eine junge Japanerin in leuchtendblauem Kimono und spielt Mozarts ›Kleine Nachtmusik‹. Am Fenster finden wir einen freien Tisch und bestellen Tee und Kuchen.

Draußen, im japanischen Hotelgarten, füttern einige Gäste die Karpfen im Seerosenteich. Dahinter plätschert ein Wasserfall, über den sich eine zierliche rotgestrichene Bambusbrücke spannt. Zwischen den feingeharkten Kieswegen steht, eingerahmt von niedrigen Ahornbüschen, eine alte bemooste Steinlaterne.
»Wir wohnen weit draußen in Mishima, in der Nähe des Fuji, eine Stunde mit dem ›Blitz-Zug‹ *Shinkansen* von Tokio entfernt«, beginnt Frau Hanajima das Gespräch. »Vor zehn Jahren habe ich in Wien Musik studiert, und noch heute fahre ich regelmäßig zum Gesangsunterricht nach Tokio. In Yokohama gebe ich ab und zu Konzerte.« Sie schwärmt von Wien und erzählt von ihrem Studium. In Tokio aufgewachsen, zog sie nach der Heirat aufs Land zu ihrem Mann, in seine Heimatstadt Mishima, in der Nähe des Hakone-Sees. Ihre beiden Töchter Rinako und Rizako sind sechs und neun Jahre alt. In den Namen der beiden Mädchen – so fährt sie schelmisch lächelnd fort – habe sie versucht, so eine Art Verwandtschaft zwischen ihren ›beiden Welten‹, Europa und Japan, aufrechtzuerhalten. »Rina und Riza . . . die Namen klingen zwar nicht deutsch, aber auch nicht richtig japanisch. Unser Familienname ist ja eindeutig genug, um die Kinder als echte Japanerinnen auszuweisen.«
»Hanajima, was für ein wunderschöner poetischer Name!« werfe ich ein.
»Ja, er ist schön, und er gefällt mir auch. Nur sehr alt und ehrwürdig ist er nicht. Und das zählt in Japan noch mehr als poetische Schönheit«, erwidert sie. »Einen großen Vorteil hat er allerdings: Er kann mit ziemlich eindeutig chinesischen Schriftzeichen, den *kanji* , geschrieben werden. Mißverständnisse sind so gut wie ausgeschlossen.«
»Mißverständnisse?« frage ich. »Kann es bei einem Namen Mißverständnisse geben?«
»Und ob! – Ein guter Freund meines Mannes stammt aus

einer sehr alten japanischen Familie. Sein Name ist Ichien. Das wird in zwei *kanji* geschrieben. Das erste, *ichi,* heißt ›ein‹, das zweite, *en* gelesen, bedeutet ›Ring‹ oder ›Kreis‹. Im alten buddhistischen Sinne also etwas sehr Erhabenes: ein perfekter Kreis, Symbol der Vollkommenheit. Heute aber«, erklärt sie mir, »versteht man den Namen als ›ein Yen‹.
Unser Bekannter leidet darunter, als Mr. One-Penny, Herr Pfennig würden Sie wohl auf deutsch sagen, gehänselt zu werden. Seine Kinder werden sogar in der Schule mit ›Ach, da kommen ja die Neureichen‹ oder unsere ›Millionäre‹ aufgezogen.«
»Zwei Dinge verstehe ich nicht«, unterbreche ich Frau Hanajima. »Ihre Währung heißt doch ›Yen‹ und nicht ›en‹. Und warum läßt Herr Ichien nicht einfach seinen Namen ändern, wenn er so viel Ärger damit hat?«
Sie lächelt nachsichtig, nippt kurz an ihrer Teetasse und beginnt geduldig zu erklären: »Yen – das ist für die meisten Ausländer schwer zu verstehen – sagt man nur, wenn die Währungseinheit gemeint ist. Sobald man aber von Preisen redet, einer bestimmten Geldsumme, wird die Währungsbezeichnung an das Zahlwort angehängt, und das Ypsilon fällt weg, wird auch nicht mehr gesprochen. *Ichi-en:* ein Yen; *go-sen-en:* fünftausend Yen.
Und zu Ihrer zweiten Frage: Namensänderungen sind in Japan fast unmöglich, zumindest ungeheuer schwierig. Der Name wird bei uns auch als unveräußerliches Persönlichkeitsmerkmal angesehen. Es gibt kaum etwas Heiligeres in der japanischen Bürokratie als das Familienregister, in dem Änderungen eigentlich nicht vorgesehen sind.
Mir ist nur ein Fall bekannt, der vor ein paar Jahren durch alle Zeitungen ging. Als unser früherer Premierminister Kakuei Tanaka angeklagt worden war, 500 Millionen Yen Bestechungsgeld vom amerikanischen Lockheed-Kon-

zern genommen zu haben, da gelang es einem anderen Kakuei Tanaka, seinen Namen amtlich ändern zu lassen, mit der Begründung, er würde durch die Namensgleichheit mit dem angeschuldigten Ex-Premier fortwährend seelischen Schaden erleiden.«

Nun war es an mir zu lächeln. »Da können Sie ja mit Ihrem unverfänglichen schönen Namen ›Blumeninsel‹ sehr zufrieden sein!«

»Obgleich er, wie gesagt, nicht besonders alt sein dürfte«, beharrt sie.

»Im alten Japan, eigentlich bis zur Meiji-Reform des Jahres 1868, gab es nur eine übersichtliche Anzahl von Familiennamen. Da durften nämlich nur Mitglieder des Adels einen Namen führen, dem gemeinen Volk war das verboten. Deshalb heben sich auch heute noch die Abkömmlinge alter Shogun- oder Samurai-Familien mit ihren ehrwürdigen Namen von der Masse ab. Jeder gebildete Japaner weiß gleich, wen er vor sich hat, wenn er einen der bekannten Namen hört.

Erst vor gut hundert Jahren wurden alle Japaner durch ein Gesetz gezwungen, sich einen Familiennamen zuzulegen. Aus dieser Zeit stammen die meisten der gängigen Namen, auch unserer. Viele haben sich damals wohl bei der Namenssuche an irgendwelchen naheliegenden, bekannten geographischen Punkten orientiert. Das erklärt die zahllosen ›Takahashi‹ (hohe Brücke), ›Nishimura‹ (westliches Dorf) oder ›Yamanashi‹.

Dieses letzte Beispiel zeigt übrigens ein weiteres Problem auf. Das *kanji* für *yama* kann ›Berg‹, aber auch ›Mond‹ bedeuten, das Zeichen für *nashi* kann als ›nicht‹, ›kein‹ oder auch ›sehen‹ gelesen werden.

Herr Yamanashi kann also ein ›Mondgucker‹ sein oder, was naheliegender ist, jemand, der aus der Ebene stammt, wo ›kein Berg‹ ist.«

»Daher also die japanische Sitte, bei jeder Vorstellung

eines neuen Bekannten gleich die Visitenkarten auszutauschen«, falle ich ein.

»Das hilft kaum«, antwortet Frau Blumeninsel nachsichtig, »denn wenn Sie den Namen Ihres Gegenübers nicht gleichzeitig ausgesprochen hören, können Sie über die Lesart der Namens-*kanji* immer noch viele Stunden rätseln.«

»Das betrifft übrigens auch die Vornamen. Als unsere älteste Tochter zur Welt kam, wollte ich sie unbedingt ›Noriko‹ nennen, weil mir der Name so gut gefiel. Dabei blieb ich, bis mein Mann eines Tages mit einem Namenslexikon nach Hause kam. Anhand dieses Werkes führte er mir vor, daß mindestens 225 *kanji nori* ausgesprochen werden und immerhin noch vierzehn verschiedene Schriftzeichen in dem Namen Noriko stehen können. Dieses Namenslexikon war übrigens ein sehr interessantes Buch, aus dem wir beide noch vieles gelernt haben. An eins kann ich mich noch besonders gut erinnern: Das einfachste *kanji,* das es gibt, ein einfacher waagerechter Strich, der eigentlich das Zahlwort ›eins‹ bedeutet, kann nach diesem Buch auf dreiundzwanzig verschiedene Arten ausgesprochen werden.«

Tief aufatmend lehnt sich Frau Blumeninsel zurück. Sie nimmt den letzten Schluck aus ihrer Teetasse, schweigt einen Moment und sieht mich dann mit ihrem freundlichsten Lächeln an, während sie eine dezente Verbeugung andeutet. »Entschuldigen Sie bitte vielmals«, sagt sie, »ich wollte Sie nicht verwirren. Nun denken Sie sicher, Japanisch sei sehr kompliziert. Aber das sollte Sie nicht davon abhalten, unsere Sprache ein bißchen zu lernen.«

»Ich habe schon in Deutschland damit begonnen«, antworte ich, »und möchte hier noch weiter Unterricht nehmen.«

Aufmunternd lächelnd nickt sie mir zu und schaut plötzlich erschrocken auf die Uhr. Bedauernd stellt sie fest,

daß sie sofort aufbrechen muß. »Ich habe mich heute abend um sieben Uhr in Tokio zu einem Konzert verabredet. Es ist allerhöchste Zeit, daß ich gehe! Bitte rufen Sie mich an, wenn Sie ein Haus gefunden haben. Ich wünsche Ihnen viel Erfolg.« Sie zieht noch schnell ein *meishi* – eine Visitenkarte – aus der Tasche, verbeugt sich ein paarmal und verabschiedet sich.
Wir winken uns noch lange zu, bis das Taxi hinter den Säulen der Hotelauffahrt verschwunden ist.

Unser Haus auf dem Parkplatz

Einen Tag vor der Nachricht, daß unser Umzugscontainer in Yokohama eingetroffen ist, haben wir endlich ein Haus gefunden.
Es liegt in der Nähe der Deutschen Schule, die Marcel in wenigen Tagen besuchen muß – und es liegt auf einer Wiese. Genauer gesagt, unser Haus ist eines von vieren, die wie große Klötze in die Ecken eines quadratischen Rasens gesetzt sind. In der Mitte der ›Baumbestand‹: eine ein Meter hohe Palme. Über diese ›Tropen-Idylle‹ hinweg schauen sich die Anwohner gegenseitig in die Wohnzimmerfenster. Erst recht in der Fremde – so muß der einfühlsame japanische Bauherr gedacht haben – brauchen die *gaijin* – die von draußen – etwas Nestwärme.
Immerhin ist unser Ausländer-Minigetto von der japanischen Umwelt deutlich abgegrenzt. Einen Meter vor den Seitenfenstern steht ein mannshoher grüngestrichener Eisenzaun, von vertrocknetem Buschwerk spärlich bedeckt. Dahinter beginnt eine für Tokioter Verhältnisse ungewöhnliche ›Weite‹: die Asphaltdecke eines Großparkplatzes.
»Hier wohnen Sie in ruhigster Lage«, hatte uns der Makler versichert. »Das ist nur der Ausweichparkplatz eines nahegelegenen Supermarktes, der gelegentlich an Wochenenden und Feiertagen benutzt wird.«
Aus den Fenstern des ersten Stockes blicken wir über den leeren Parkplatz auf ein Kleingewerbegebiet.

Schon am ersten Morgen weckt uns in der ›ruhigen Lage‹ das schrille Kreischen einer Eisensäge, rhythmisch ergänzt durch den hohlen Klang aufeinandergeworfener Metallrohre. Eine Karosseriewerkstatt und eine Klempnerei wetteifern um den pünktlichsten Arbeitsbeginn.
Der Blick aus dem Schlafzimmerfenster auf die grauen, zum Teil fensterlosen Lagerhallen in der baumlosen Straße bedrückt mich immer wieder. Es dauert einige Zeit, bis ich mich an diese neue Umgebung gewöhnt habe. Doch bald stelle ich fest, welche Überraschungen die ungewöhnliche ›Weite‹ hinter unserem Haus zu bieten hat.
An einem klaren, sonnigen Septembertag – draußen ist es immer noch sommerlich warm – gerät mein Duschbad zu einer Begegnung besonderer Art. Als ich nach minutenlangem, versonnenem Einseifen durch die Maschen des Fliegengitters aus dem offenen Fenster schaue, starren mich hundert Augenpaare an.
Eine Polizeikompanie steht stramm, die Hände an der Hosennaht, vor ihrem Kommandeur. Der hat mir den Rücken zugewandt und kann nicht ahnen, warum die Blicke seiner Mannen so interessiert in die Höhe schweifen.
Ein spitzer schriller Schrei, ich stoße das Fenster zu, Gerd stürzt ins Bad: »Ist dir was passiert?« Wie versteinert stehe ich in der Badewanne und zeige atemlos und erschrocken auf die geschlossene Milchglasscheibe. Schnell ziehe ich meinen Bademantel über, und wir gehen ans Schlafzimmerfenster, von dem aus der Parkplatz am besten zu überblicken ist.
Eine Hundertschaft der Tokioter Ordnungshüter ist angetreten. Ihre erste Übung muß wohl Strammstehen und Stillschweigen gewesen sein, sonst hätte ich sicher den Aufmarsch gehört. Jetzt traben alle im Gleichschritt nach rechts und links auseinander, beugen sich auf und nieder,

üben Angriff und Verteidigung: Nahkampf, immer nach dem Pfiff aus der Trillerpfeife.
Dann schreit der Kompaniechef über den Platz, und alle hundert brüllen drei- bis viermal im Chor zurück. Sie üben Schießen und Karate, und es dauert bis zum Mittag, bis sie alle im Gleichschritt zum Ausgang laufen.
Was ich nicht gewußt hatte: Im dicht besiedelten Tokio fehlt es auch der Polizei an Raum. So benutzt sie häufig den morgens noch leeren Parkplatz hinter dem Haus als Übungs- und Drillgelände.
Wochen danach läutet am späten Abend das Telefon. Ein Lehrer der Deutschen Schule ruft an. Er erzählt, daß er auf dem örtlichen Polizeirevier zu tun hatte. Dort habe man ihn nach dem Namen der Ausländer gefragt, die in dem Haus am Parkplatz wohnen.
Wir können uns das polizeiliche Interesse nicht erklären. Ein Verkehrsvergehen oder eine andere Gesetzesübertretung fällt weder meinem Mann noch meinem Sohn ein.
Schon am nächsten Morgen klingelt es an der Haustür. Drei Herren im nachtblauen Nadelstreifenanzug lassen durch einen vierten, den Englisch-Dolmetscher, erklären, sie seien von der Polizei.
Noch immer im ungewissen über ihre ›Mission‹, bitte ich sie herein.
Als sie im Wohnzimmer auf der Couch Platz genommen haben, scheinen sie gehemmt zu sein. Verlegen reiben sie sich die Hände, und der Älteste, vermutlich der Ranghöchste, beginnt eine lange und umständliche Entschuldigungsrede, die der Dolmetscher übersetzt: ». . .wir konnten leider nur bei schönem Wetter trainieren . . . Wir hatten keine andere Möglichkeit, als hier draußen auf dem Parkplatz . . . Bitte haben Sie Verständnis, daß wir so früh anfangen mußten, sonst wäre unser Dienstplan durcheinandergeraten. Es tut uns leid, Sie gestört zu haben . . . Entschuldigen Sie uns auch bei Ihrem Mann.«

So geht es eine gute halbe Stunde hin und her: Ich entschuldige mich, daß ich das Fenster zu laut zugeworfen habe, und die drei Polizisten im Manager-Look betonen wieder und wieder, daß ihre Trillerpfeifen zu laut gewesen seien.
Danach sind wir uns alle einig: Das Ganze war sehr bedauerlich, und keiner will dem anderen etwas nachtragen. Die Harmonie ist vollkommen.
Ich biete Cognac an, die Herren lehnen ab: »Danke, sonst gerne, aber wir sind im Dienst.« Dann erheben sie sich, und ich begleite sie zur Tür. Als ich meine Besucher verabschieden will, tritt plötzlich eine verlegene Pause ein. Der jüngere – ich sehe, wie ihm das Blut in den Kopf schießt – zieht einen sorgfältig gefalteten Zettel aus der Tasche und überreicht ihn mir mit einer tiefen Verbeugung. »Dies«, sagt er, nachdem er sich wieder aufgerichtet hat, »ist der Plan für die Übungen in den nächsten drei Monaten.«
Nun verbeugen sich alle vier noch einmal.
Ich kann ihnen nicht einmal mehr böse sein.
An einem Mittwochnachmittag, ich komme gerade vom Einkauf zurück, steht ein junger Japaner vor unserer Tür und überreicht mir zwei Päckchen. »*Purezento desu . . .*« – ein Geschenk für sie«, sagt er lächelnd. Noch ahne ich nicht, warum mir ein Geschenk gebracht wird. Doch ehe ich fragen oder mich bedanken kann, eilt der freundliche Bote zum nächsten Haus, zu unseren Nachbarn gegenüber.
Der Inhalt der Päckchen überrascht mich. Es sind große und kleine Frottee-Handtücher, mit Schleifchen liebevoll zusammengebunden. Dazu eine Karte in japanischer Schrift, die ich aber leider nicht lesen kann
Gerade packe ich in der Küche meine Einkaufstüten aus, als plötzlich gewaltige Wassermassen gegen die Milchglasscheiben prasseln. Es war doch vor wenigen Minuten

noch wolkenlos, erinnere ich mich und laufe neugierig aus dem Haus.
Diesmal ist die Feuerwehr des Ortsteils auf unserem Parkplatz versammelt, der nun aussieht wie ein Jahrmarkt. Zelte mit Tribünen und Megaphonen stehen am Rand dicht nebeneinander.
In der Mitte stürzen sich Männer und Frauen in weißen Overalls von hohen Gerüsten in mit Wasser gefüllte Plastikbecken oder Sprungtücher. Aus dicken Feuerwehrschläuchen schießt Wasser meterhoch in die Luft und regnet auf kleine Papphäuschen. Von steilen Holzdächern seilen sich die Männer in die Tiefe ab.
Nach Stunden ertönt Sirenengeheul, und gegen Abend werden über Megaphon die Tagessieger bekanntgegeben und geehrt. Es ist inzwischen so laut geworden, daß wir uns im Haus nicht mehr unterhalten können. Bei geschlossenen Fenstern rufe ich den Makler an, aber er kann mich, trotz meines Brüllens am Telefon, kaum verstehen.
Am nächsten Morgen ruft er zurück und erklärt, daß die Feuerwehr eine Erdbeben-Übung mache, die leider noch einen weiteren Tag dauern würde. Das Handtuchgeschenk war die landesübliche Vorab-Entschuldigung.
Freitag nacht wird bei Scheinwerferlicht bis gegen drei Uhr morgens der gesamte Parkplatz geräumt, um für seinen eigentlichen Zweck wieder zur Verfügung zu stehen.
Samstag – gegen Mittag – kommen die nächsten ›Gäste‹, jedoch wechseln sie stündlich. Tausende parken ihre Autos so, daß die Auspuffrohre einen Meter vor den Seitenfenstern des Hauses enden.
Zuerst steigen die Eltern aus und dann die lieben Kleinen. Oft verrichten sie noch schnell ihr ›Geschäftchen‹ durch die Stangen des grünen Eisenzauns, und dann marschieren alle zum Großeinkauf in den nahegelegenen Supermarkt, fünf Gehminuten vom Parkplatz enfernt.

Supermarkt-Erlebnis

An einem Sonntag gehe auch ich dorthin. Einige umliegende Straßen sind für den Autoverkehr gesperrt, und die Menschenmassen erinnern mich an meine erste U-Bahn-Fahrt.

Vor dem Eingang des Supermarkts wehen dichte Rauchschwaden durch die Menge. Sie kommen von einem *yakitori*-Stand, wo Hühnerfleisch-Spießchen auf glühender Holzkohle schmoren. Die verführerische Wirkung des duftenden Rauchs auf die vorbeihastenden Menschen ist wohl geplant: Der Hühnchen-Griller braucht sich über schlechte Geschäfte nicht zu beklagen. Japaner – das habe ich inzwischen schon gelernt – essen zwar mäßig, aber regelmäßig.

In der Lebensmittelabteilung angekommen – ich wollte eigentlich nur etwas Fleisch besorgen –, bleibe ich bereits vor der Gemüseecke stehen. Mich fasziniert der feine Wasserdampf, der pausenlos von der Decke rieselt und Gemüse und Salate, Petersilie und andere Kräuter in eine Nebelwolke hüllt, um sie taufrisch zu halten.

Alles ist liebevoll auf Tellerchen oder in Schalen dekoriert und farblich aufeinander abgestimmt. Einige Angestellte sind nur damit beschäftigt, welke Salatblätter abzuzupfen oder unansehnlich gewordenes Gemüse zu entfernen.

Das Obst könnte man für Wachskopien halten, so makellos wird es angeboten. Wie eine riesige Sonnenblume sehen die Früchte auf einem Regal vor mir aus: In der Mitte, als Kern, die grünen Kiwis, als Blütenblätter mit Zitronen kreisrund umlegt. Das Ganze so groß wie ein Wagenrad.

Gleich neben den Fischregalen hält mir ein Koch einen Teller mit dampfendem *yakidofu* entgegen, geröstetem Sojabohnenquark. »*Oishii* – lecker –«, sage ich anerkennend. Aber dies war nur die Vorspeise, wie ich bald feststellen werde.

Fast habe ich die Fleischtheke erreicht, da werben zwei junge Männer im Chor: »Greifen Sie zu« und bleiben mit einer Verbeugung vor mir stehen, so daß ich dem nächsten Gang nicht widerstehen kann. Sie bieten Fadennudeln in drei Farben an: Eiernudeln, Reisnudeln und Nudeln, mit Tee gewürzt, werden gerade aus dem Wasser gezogen und mit einer Tunke aus Fischbrühe, Sojasoße und süßem japanischen Reißwein übergossen.
Die beiden Männer beobachten mit Spannung mein Gesicht und lächeln erleichtert, als ich weiteresse. Schon bereiten sie die nächste Portion für mich vor, doch ich muß weiter und lehne dankend ab. Die Familie hinter mir freut sich darüber, und ihre beiden Kinder stürzen sich auf die heißen Nudelteller.
Als ich mein Fleisch an der Kasse bezahlen will, komme ich noch an einem langen schmalen Tischchen mit japanischen Desserthappen vorbei: Sie gehen reißend weg: Gelatinewürfel aus Seetangextrakt mit roten Bohnen, dreieckige kleine Kuchen, mit braunem Zuckersirup bedeckt und gelbem Bohnenpulver bestreut, und winziges Gebäck, mit Tang umwickelt.
Japaner essen oft und gerne. Aber selten bleibt ihnen die Zeit, die meist aufwendigen japanischen Menüs selbst zuzubereiten. Von dieser Notlage leben Tausende winziger Nudel- und Sushi-Shops. Auf meinem Weg nach Hause fahren deren Küchenjungen auf ihren Mopeds an mir vorbei. Das lustigste an diesen Essen-Ausfahrern ist ihr Transport-Vehikel. Da hat irgendein erfindungsreicher Genius, nachdem zu viele Suppen auf dem Weg zum Kunden verschlabbert wurden, einen Transportkorb mit kardanischer Aufhängung konstruiert. Nun kann sich auch der eiligste Küchenjunge rasant in die Kurve legen: Nichts wird mehr überschwappen. Die öft mehrstöckige Essenslast bleibt immer schön gerade stehen

Vielleicht ist bestimmt

Als ich zu Hause eintreffe, wartet Shiozawa-san auf mich. Er ist Möbelschreiner und wurde uns von einer deutschen Familie empfohlen, die mit seiner Arbeit sehr zufrieden war. Fast hätte ich diese Verabredung am Sonntag nachmittag vergessen.
Vor einer Woche war er zum ersten Mal in unserem Haus, um die Anfertigung von zwei Lampentischchen mit mir zu besprechen. Heute legt er mir seine Zeichnung vor, und ich bin von seinen Entwürfen begeistert.
Wir einigen uns über den Auftrag, und ich bitte ihn, mir einen genauen Liefertermin zu nennen. Es dauert eine Zeit, bis er zögernd antwortet: »Ich werde mein Bestes tun, Sie zufriedenzustellen.«
Schon werde ich ungeduldig und frage gereizt zurück: »Können die Tischchen denn bis Ende nächster Woche fertig sein?«
Der Schreiner lächelt nur, denkt einen Moment nach und sagt: »Wir möchten gute Arbeit leisten, und dafür brauchen wir ein bißchen Zeit. Vielleicht schaffen wir es.« Und dann erklärt er umständlich, daß seine Firma gerade mit Aufträgen überlastet sei, daß obendrein noch einer seiner besten Leute sich krank gemeldet habe, daß er schließlich noch nicht wisse, wie schnell er das für die Tischchen benötigte Kirschbaumholz geliefert bekäme.
Ich weiß also immer noch keinen Termin und bin verärgert. Als ich ihn zum dritten Mal festlegen will, antwortet er nur: »Vielen Dank für Ihren Auftrag. Ich werde Sie so bald wie möglich anrufen.«
Erst sehr viel später – und nach vielen ähnlichen Erfahrungen – lerne ich, daß Japaner mit der so typisch deutschen, schematischen Denkweise des Entweder-Oder, Ja-Nein gar nichts anfangen können.
Im Gegenteil, sie halten eine einseitige, kurze Antwort

wie ja oder nein für so direkt, daß sie schon an eine Beleidigung, zumindest an eine grobe Unhöflichkeit grenzt.
Und obendrein Fragen, die nur zwei Alternativen zulassen – entweder schwarz oder weiß – kommen in der japanischen Umgangssprache gar nicht vor, und Antworten erst recht nicht. Allenfalls in der Naturwissenschaft.
Ein Japaner glaubt nicht, daß man die vielfältigen Aspekte und Motive, die einem komplizierten Sachverhalt zugrunde liegen, auf eine kurze Formel wie ja oder nein bringen kann. Er denkt – wie das auch Shiozawa-san mit der Schilderung der Schwierigkeiten in seinem Betrieb tat –, er müsse die Hintergründe seiner Entscheidung erklären. Seinem Partner will er damit das Gefühl vermitteln, selbst die Antwort zu finden, deren Richtung er nur andeutet. Diese Zweideutigkeit, das Verschwommene, das asiatischem Denken und auch der japanischen Sprache anhaftet, hat obendrein den Vorteil, daß man weniger leicht ›das Gesicht verliert‹.
Es ist falsch anzunehmen, daß sich der Japaner mit seiner vagen Antwort, die alles offenläßt, vor der Entscheidung oder Festlegung bewußt drücken will. Er will seine Antwort nur in anderen Kategorien geben. In solchen, die dem Gesprächspartner Mitgefühl und Verständnis für die Situation ermöglichen.
Aber wie soll man das alles wissen, wenn man erst ein paar Wochen in Japan ist? Ich jedenfalls bin ganz schön ›sauer‹, als Shiozawa-san gegangen ist, und fühle mich auf den St.-Nimmerleins-Tag vertröstet.
Dem wirst du noch oft hinterhertelefonieren müssen, denke ich.
Um so mehr bin ich überrascht, als es am Freitag abend der nächsten Woche an der Haustür klingelt und im nächtlichen Dunkel Shiozawa-san strahlend vor mir steht.
»Entschuldigen Sie, daß wir so spät kommen«, sagt er

und winkt seinen Helfer herbei, der zwei große Pakete an mir vorbeiträgt, »aber ich dachte, Sie wollten die Tische doch wohl bis Samstag haben.«

Als Analphabet am Steuer

Wir wollen ein Auto kaufen.

An ein paar Wochenenden haben wir uns vor den Schaufenstern der Auto-Salons einen Überblick verschafft. Gerd hat sich Prospekte besorgt und Testberichte übersetzen lassen. Nun glauben wir, den richtigen Wagen gefunden zu haben.

Seit einer Stunde sitzen sie uns gegenüber: Nicht ein, sondern gleich drei Angestellte eines großen Autohauses. Dem Alter und dem Rang nach gestaffelt, vom Verkäufer bis zum Verkaufsleiter. Sie sind, wie das in Japan üblich ist, zum Kunden gekommen. Mit dem Wagen, für den wir uns interessieren. Lange und ausgiebig dürfen wir probefahren.

Nun verhandeln wir im heimischen Wohnzimmer. Dort, so meint man, herrscht eine angenehmere Atmosphäre, das richtige *kimochi* für solch einen Kaufabschluß.

Kimochi – ein kaum zu übersetzendes Wort. Es ist der in anderen Sprachen schwer zu erklärenden deutschen ›Gemütlichkeit‹ eher verwandt als dem englischen ›mood‹ (Stimmung) – und doch noch mehr: Das Schlüsselwort beschreibt die ›wie Rauchschwaden um die Gesprächspartner wabernden, vom Bauch, dem Sitz des Herzens und des Gemüts, ausgehenden Schwingungen‹. Im Idealfall führen sie zu der immer erstrebten Harmonie.

Wir trinken zusammen Tee und amüsieren uns, wieder – wie schon früher einmal bei der Haussuche – die

vertrauten Zischlaute der Verlegenheit zu hören, wenn wir ›knifflige‹ Fragen stellen: etwa nach der PS-Zahl oder dem Benzinverbrauch. Details, die in den aufwendig gedruckten japanischen Autoprospekten kaum erwähnt werden oder im Kleingedruckten versteckt sind.
Nach dem Abklingen ihrer ›Zisch-Einlage‹ schauen sich unsere drei Gäste immer noch etwas ratlos an und beginnen in schnellem und absolut unverständlichem Japanisch den Gruppenkonsens herzustellen. Ist dieser von allen durch ein kräftiges Kopfnicken besiegelt, kommt die Antwort: »Also der Hubraum ist so etwa 2 Liter. Die PS-Zahl – so eine Frage hätte ihnen noch nie ein Kunde gestellt –, die ist nirgends angegeben, und der Benzinverbrauch hängt von der Fahrweise ab.«
Als hätten die Herren unsere Unzufriedenheit mit ihrer Antwort bemerkt, folgt die Erklärung: Angaben über die Motorstärke interessieren in einem Land, in dem 100 Stundenkilometer die erlaubte Höchstgeschwindigkeit ist, weder Käufer noch Verkäufer. Die KFZ-Steuer, so erfahren wir bei der Gelegenheit, wird nach dem Wagengewicht, der Autobreite und dem Hubraum bemessen.
Wie es denn mit einem Rabatt bei Barzahlung aussehe, wollen wir schließlich noch wissen. Kurzes, betretenes Schweigen wird von einem befreiten Lächeln der drei abgelöst: »Wir müssen ja morgen ohnehin wiederkommen, wegen der Unterschrift«, sagt der Verkaufsleiter und schiebt uns den Kaufvertrag zu, in dem der Preis noch offen ist.
Gleich darauf sitzen wir etwas überrascht da, als wir erfahren, daß Gerds Unterschrift unter den Kaufvertrag so ›nackt‹ nicht gültig ist. Er muß sie von der Deutschen Botschaft amtlich beglaubigen lassen, damit sie anerkannt wird.
Japaner haben es leichter. Sie drücken einfach ihren *hanko* unter den Vertrag. Das ist ein persönliches

Namenssiegel in Form eines kleinen Stempels, meist mit eingebautem roten Stempelkissen.
Das Siegel ist beim Ordnungsamt auf den Besitzer eingetragen. Es besteht aus den *kanji* des Familiennamens, von Künstlerhand verfeinert und in einen Kreis geschnitzt. Angeblich gibt es jeden Stempel nur einmal, obgleich Hunderttausende den gleichen Familiennamen (etwa Watanabe) haben.
Ehe unser Verkäufer-Trio sich verabschiedet, sollen wir noch schnell ein Papier abzeichnen, mit dem das zuständige Polizeirevier gebeten wird, einen Beamten zu unserem Haus zu entsenden. Er muß beglaubigen, daß dort Parkraum für das Auto vorhanden ist. Wer in Japan keinen von der Polizei genehmigten Parkplatz am Haus vorweisen kann, bekommt seinen Wagen erst gar nicht zugelassen. Und wer gezwungen ist, auf der Straße, vor einem Mehrfamilienhaus etwa, einen Abstellplatz zu mieten, muß dafür – je nach Wohngegend – bis zu 400,– Mark im Monat bezahlen. Garagen sind selten und noch viel teurer.

Der japanische Führerschein

Wenige Tage nach dem Autokauf stehe ich schon eine halbe Stunde vor der Öffnungszeit vor den Toren des Straßenverkehrsamtes. Mein deutscher Führerschein muß umgeschrieben werden.
Japaner müssen ihre Fahrlizenz alle drei Jahre erneuern, und so warten schon jetzt einige hundert Menschen auf den Treppenstufen und um das halbe Gebäude herum. Unter Vordächern und mitgebrachten Sonnenschirmen suchen sie Schutz vor der Hitze, die einem die Luft vor den Augen flimmern läßt.

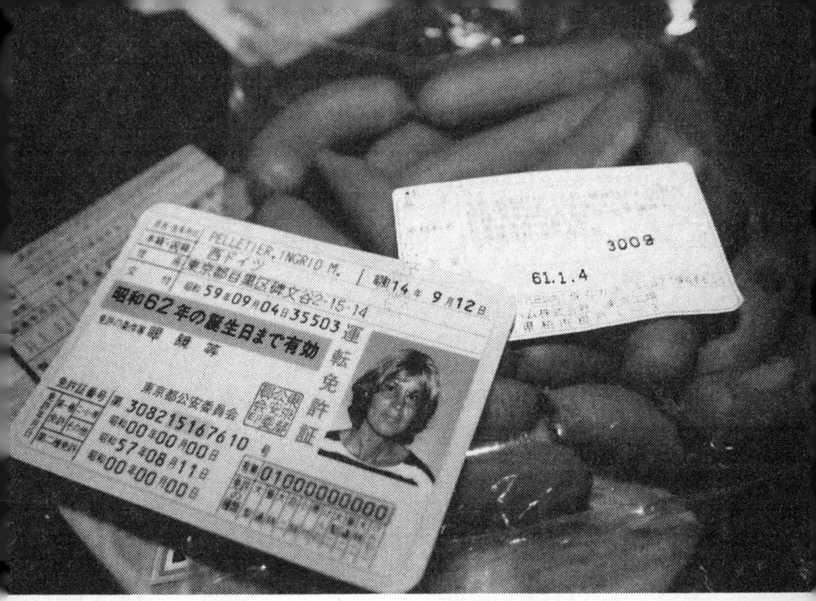

Das Geburtsjahr auf meinem Führerschein und das Haltbarkeitsdatum auf Würstchen nach japanischer Zeitrechnung.

Gegen Mittag bin ich im Sehtestraum angelangt. Nach kurzer Augenprüfung werden meine Unterlagen – nebst lebenslangem deutschen Führerschein – noch von Stockwerk zu Stockwerk weitergereicht. Als ich endlich das ersehnte Papier von der Größe einer Kreditkarte in den Händen halte, bin ich um Jahre gealtert.
Außer meinem in lateinischen Buchstaben geschriebenen Namen sind die Ziffern, die mein Geburtsjahr angeben, das einzige, was ich lesen kann: 14–9–12. Das Jahr zuerst, wie in den USA. Geburtsjahr 1914? Jetzt schreiben wir 1982. Das hieße ja, ich wäre 68 Jahre alt!
Nun erst wird mir klar, daß auch auf offiziellen Dokumenten die japanische Zeitrechnung gilt. Die beginnt jeweils mit der Inthronisation eines neuen Kaisers. Und ich bin

geboren, als Kaiser Hirohito schon 14 Jahre lang regierte. 1926, das Jahr, in dem er unter dem Leitmotiv *showa* – erleuchteter Friede – den Thron bestieg, heißt *showa 1*. Dieses Zählsystem wurde vor Jahrhunderten von China übernommen. Doch neuerdings zählen die Japaner die Jahre auch nach der christlichen Zeitrechnung. Die gesamte Wirtschaft und der öffentliche Dienst verwenden beide Systeme nebeneinander.

Schuld trägt nie einer allein

In Tokio fährt man U-Bahn und nicht Auto. Wie oft schon hatte ich diesen Rat von Japan-Kennern gehört. Nun sitze ich am Steuer meines neuen Autos – allen Warnungen zum Trotz. Das Lenkrad auf der rechten Seite – in Japan herrscht Linksverkehr – verwirrt mich noch ein bißchen, denn ich habe nach links keinen richtigen Überblick und fahre in fast zwei Meter Abstand an den parkenden Autos vorbei.

Vor einer halben Stunde hat mich eine deutsche Bekannte spontan eingeladen und mir am Telefon den nur drei Kilometer langen Weg zu ihrem Haus erklärt: »Biegen Sie an der großen Kreuzung links in die *Kannana Dori* ein, diese Straße kennen Sie ja, und fahren Sie ungefähr zwei Kilometer immer geradeaus, dann an einer Tankstelle vorbei, dahinter kommt eine Autofirma. Wenn Sie nach der fünften Ampel vor McDonald's stehen, überqueren Sie die Hauptstraße und biegen halbrechts in die schmale Straße ein, an deren Ecke ein Haus mit schwarz-roten Markisen steht. Dort werde ich auf Sie warten.«

In Tokio haben die meisten Straßen keinen Namen, außer den langen Boulevards, die die Stadt durchziehen. Namen haben die 23 Großgemeinden, aus denen die

Metropole besteht, und auch deren Unterbezirke. Wer sich weiter im Detail zurechtfinden will, hat nur noch mit Ziffern zu tun. Zahlen bezeichnen die Wohnviertel *(chome)*. Die nächste Ziffer darin den Häuserblock, und eine letzte Zahl schließlich die Hausnummer.
Oft ist auch das Auffinden einer benachbarten oder der gesuchten ganz nahen Hausnummer noch keineswegs Grund zum Jubeln. Denn längst nicht überall sind die Häuser fortlaufend durchnumeriert. Mitunter werden sie einfach nach dem Zeitpunkt ihrer Fertigstellung numeriert.
An der fünften Ampel bleibe ich stehen. Erleichtert atme ich auf. Links MacDonald's, rechts gegenüber auf der anderen Straßenseite steht meine Bekannte und winkt mir zu. Die Straße ist so eng, daß ich kaum anhalten kann, ohne den Verkehr zu behindern.
Über- und nebeneinander sind Dutzende blauer Müllsäcke aufgetürmt. Die Tokioter Müllabfuhr kennt zwar bis heute kaum Mülleimer, kommt aber dafür drei- bis viermal in der Woche.
Vor dem kleinen Bahnhof steht – das gelbe Fähnchen schwenkend – eine Japanerin in blauer Uniform, um Schulkinder über die stark befahrene Straße zu lotsen.
Wir biegen nach rechts ab und fahren ein Stück an einem See vorbei. Einige Männer sitzen auf einer Parkbank in der Morgensonne und angeln.
»Für Ihren nächsten Besuch gebe ich Ihnen unseren *chizu* mit«, sagt meine Bekannte. »Das ist der Lageplan unseres Hauses, ohne den Sie sicher nie wieder hierherfinden werden. Übrigens, wenn Sie in Tokio mal ein gutes Restaurant entdecken, dann nehmen Sie unbedingt eine Karte oder eine Streichholzschachtel mit, auf denen fast immer Adresse und Wegbeschreibung abgedruckt sind.«
Während wir nach dem Mittagessen noch eine Zeitlang zusammensitzen, erzählt meine Bekannte mir dann von

ihren Erfahrungen als Autofahrerin in Tokio: »König in dieser Stadt ist nicht der Autofahrer, sondern der Fußgänger«, sagt sie. »In der Innenstadt gibt es etliche Kreuzungen, da ist es nicht nur erlaubt, sondern vorgeschrieben, daß Fußgänger kreuz und quer und sogar diagonal über die Straße gehen. Ein für uns Ausländer auf den ersten Blick ungewöhnliches Bild totalen Durcheinanders, im Menschengewühl von Tokio aber ein durchaus reibungsloses Unterfangen. Während die ganze Kreuzung den Fußgängern allein gehört, haben alle anderen Verkehrsteilnehmer Rot. So kann auch niemand durch Abbieger gefährdet werden.

Ich habe meinen Führerschein erst hier in Tokio gemacht«, fährt sie fort. »Das wichtigste ist, so hat man mir damals beigebracht, stets auf die Schwächeren im Verkehr besondere Rücksicht zu nehmen. Wenn Ihnen mit einem Fußgänger oder einem Radfahrer ein Unfall zustößt, sind Sie als der ›Stärkere‹ am Ende der Schwächere.

Als Beispiel werde ich Ihnen erzählen, was vor einigen Monaten passiert ist. Ich versuchte eines Nachmittags, meinen Mann telefonisch in seinem Büro zu erreichen. Er war schon früh am Morgen von zu Hause weggefahren, aber zur Zeit meines Anrufs noch nicht in der Firma angekommen, was mich sehr beunruhigte.

Ich war erleichtert, als er endlich – es war fast Abend – zu Hause anrief. Eine ältere Japanerin war bei Rot über die Straße gelaufen, und obwohl er stark gebremst hatte, konnte mein Mann es nicht verhindern, daß sie in seinen Wagen lief und zu Boden stürzte. Er hatte sie allenfalls gestreift, aber die Frau war auf der nassen Fahrbahn ausgerutscht. Sie wurde mit einer Hüftverletzung ins Krankenhaus gebracht.

Zusammen mit dem Krankenwagen war die Polizei eingetroffen und hatte – wie das hier üblich ist – erst einmal die halbe Straße abgesperrt. Während die Autoschlangen, die sich sofort gebildet hatten, von mehreren Beamten umgeleitet wurden, begann das Unfallkommando, die Straße und den Unfallort zu vermessen und Zeugen zu vernehmen. Auch mein Mann mußte in dem kleinen Polizeibus Angaben zur Person machen und aus seiner Sicht den Hergang des Unfalls schildern. Das alles dauerte eine gute Stunde.

Als er nun dachte, die Sache sei fürs erste erledigt, wurde er höflich gebeten, noch mit zum Polizeirevier zu kommen. Dort verbrachte er fast den ganzen Tag. Die meiste Zeit verging damit, daß die Beamten telefonisch – und vergeblich – nach Angehörigen der alten Frau suchten. In der Zwischenzeit mußte mein Mann wieder und wieder den Unfallverlauf schildern, wurde nach seinen Ansichten über das Autofahren allgemein und in Tokio speziell gefragt, mußte die Unterschiede zwischen deutschen, internationalen und japanischen Verkehrsregeln diskutieren. Schließlich wurde er gefragt, wie er sich denn nun die Regelung des Falls und die Zukunft der alten Dame vorstelle, von der er nichts wußte außer dem von der Polizei ermittelten Namen. Wer bei diesem Unfall nun im Recht oder Unrecht gewesen ist, wurde nicht ein einziges Mal erörtert.

Das Problem der Schuld hängt nach japanischem Empfinden von einer Reihe verschiedener Umstände ab. Das kann von der Beschaffenheit der Straße und dem Zustand der Bremsen über Zerstreutheit der Beteiligten, ihre momentanen Familienprobleme bis zu ihrem körperlichen oder geistigen Befinden gehen. Eine Frage allein von Rot oder Grün, Vorfahrt oder Haltepflicht, eine Sache der Verkehrsregeln also, ist es nie.

Es ist – so schildert mein Mann mir am Abend seine Gefühle –, als seien zwei wildfremde Menschen durch den Unfall aus der Masse anonymer Verkehrsteilnehmer

herausgepickt und plötzlich in ihrem Schicksal miteinander verbunden. Was das bedeutet«, so erzählt meine Bekannte weiter, »sollte ich erst nach und nach erfahren. In Japan ist es üblich, daß man sich nach einem Unfall um den Verletzten kümmert, ihn also im Krankenhaus besucht und ihm ein Geschenk mitbringt. Da mein Mann beruflich sehr angespannt war, fiel mir also, trotz der drei ungeduldig zu Hause wartenden Kinder, die Rolle der Betreuerin ›unserer‹ Kranken zu.
Das Geschenk – den Tip hatte ein japanischer Freund mir gegeben – muß sorgfältig ausgesucht sein. Es darf nicht zu teuer sein, das könnte das Eingeständnis ›größerer Schuld‹ signalisieren. Es darf aber auch nicht zu billig ausfallen, das ließe auf Desinteresse am Schicksal des Geschädigten schließen.

Mein erster Besuch am Krankenbett verlief eher etwas frostig. Das mag aber auch an der Sprachbarriere, meinem noch stümperhaften Japanisch, gelegen haben. Jedenfalls fand ich heraus, daß ›unser Opfer‹ die *Mama-san,* also die Wirtin einer kleinen Sake-Kneipe war und keine Angehörigen hatte. Ich konnte sie, was ihre Existenz anging, beruhigen: Die Versicherung würde für ihren Verdienstausfall aufkommen.
Zweimal in der Woche machte ich während des einmonatigen Krankenhausaufenthalts der alten Frau die lange Fahrt ins Hospital. Von Mal zu Mal wurde ich freundlicher, am Ende fast herzlich empfangen, denn ich war ihr einziger Besuch.
Als sie schließlich entlassen wurde, schieden wir als gute Freunde, und mein Mann und ich schauen noch heute am Wochenende oft in die Kneipe unserer *Mama-san* rein, um mit ihr ein Gläschen zu trinken, für das wir übrigens noch nie bezahlen durften.

Es war eine sehr anstrengende Zeit für die ganze Familie, damals nach dem Unfall. Aber sie hat uns auch gezeigt, wie harmonisch und menschlich solch ein Unglück zu regeln ist. Ohne Anwälte, ohne Gerichtsverfahren und ohne die bei uns in solchen Fällen oft übliche Frage: Wie kann ich mein Recht bekommen und dabei noch möglichst viel aus dem anderen herausholen?«

Drei Jahre später werde ich an diese Geschichte meiner Bekannten erinnert. Da höre ich von einem Fall, der wohl am drastischsten beweist, auf welche Weise die bei uns ›im Westen‹ so alltägliche Suche nach der Schuld oder dem Schuldigen hier in Japan vom Streben nach ständiger Harmonie – auch im größten Unglück – ersetzt wird. In unserem Stadtteil, Ota-ku, ist in den hektischen Tagen am Ende des Jahres 1985 ein Lebensmittelgeschäft überfallen worden. (Im an sich kriminalitätsarmen Japan sind – mit zunehmendem Reichtum – Raubüberfälle neuerdings das Delikt mit der größten Steigerungsrate.) Nach wie vor ungewöhnlich ist die Beteiligung der Bürger an der Verhinderung oder Aufklärung solcher Verbrechen. Das überläßt man gerne – allein wegen des Zeitaufwands, der mit der ungeheuer bürokratischen Protokollaufnahme und den endlosen Verhören verbunden ist – der in der Verbrechensbekämpfung so effizienten Polizei.

Ein 20jähriger Student, der sich, von einer Silvesterfeier kommend, auf dem Heimweg befindet, stellt sich dem mit der Tageskasse des Ladens fliehenden Räuber entgegen und versucht, den Täter aufzuhalten. Der mit dem Messer bewaffnete Verbrecher sticht den jungen Mann nieder und entkommt.

Vier Minuten später ist ein Krankenwagen zur Stelle. Der aus mehreren Stichwunden stark blutende Student wird zum nächsten Krankenhaus gebracht, das wegen Überbelegung seine Aufnahme ablehnt. Der Unfallwagen rast

zum nächsten Hospital, wo angeblich die Ärzte unerreichbar sind, und zu einem dritten, dessen OP-Saal auf die Behandlung des Schwerverletzten nicht vorbereitet ist. Erst 40 Minuten später und 10 Kilometer vom Tatort entfernt können die Sanitäter das Opfer des Verbrechens im vierten Hospital abliefern. Dort wird nur noch der Tod des jungen Mannes durch Verbluten festgestellt.
Tagelang geht die skandalöse Geschichte durch alle Zeitungen. Sie löst eine Leserbrief-Flut des Mitgefühls aus, aber auch manche Zeilen der Kritik am unzulänglichen Notaufnahmesystem in der Metropole Tokio.
In den englischsprachigen Zeitungen schlagen die Wellen der Empörung besonders hoch. Ausländische, vor allem amerikanische Rechtsanwälte in Tokio raten der trauernden Familie gleich zu einer ganzen Serie von Prozessen: gegen die einzelnen Krankenhäuser, gegen die Mannschaft des Krankenwagens, gegen die Stadtverwaltung, als Hauptverantwortliche der ganzen Misere. Einige Anwälte bieten sich sogar kostenlos als Rechtsbeistände in den erfolgversprechenden Prozessen an. Dann wird es erst einmal still um den toten Studenten.
Doch drei Wochen später gibt es plötzlich eine weitere Meldung zu dem Fall. Beim Bezirksbürgermeister von Ota-ku sind die Mutter und einige Verwandte des so tragisch Verstorbenen erschienen und haben eine Spende von 1 Million Yen überbracht, zur Verbesserung des Notarztwesens in der Gemeinde.
Von Recht oder Unrecht, Schuld und Sühne, einem Prozeß um Wiedergutmachung gar, ist nicht mehr die Rede. »Meinem toten Sohn kann keiner mehr helfen. Wir wollen es unserer Stadt erleichtern, anderen Menschen in Zukunft ein ähnliches Schicksal zu ersparen«, soll die Mutter gesagt haben.

Erfolgserlebnis: Ziel erreicht

Bei meiner ersten Fahrt allein in die Stadt nehme ich vorsichtshalber einen *chizu* mit – mein vorläufig wichtigstes Hilfsmittel. Auf dem Lageplan sind alle Kreuzungen, Hochstraßen, markante Punkte wie Schulen, Tempel und Hotels eingezeichnet. Mutig, aber etwas aufgeregt fahre ich los. Noch bin ich zuversichtlich, das Sony-Hochhaus ist rechts, die Schule an der großen Kreuzung links, geradeaus geht's ein Stück an der Bahnlinie entlang . . . Einige Anhaltspunkte stimmen in den ersten Minuten noch mit der Wirklichkeit überein. Doch dann beginnt das Problem. Die so schön auf dem *chizu* eingezeichnete Bahnlinie ist leider in Wirklichkeit eine U-Bahn-Strecke, die ich erst nach halbstündiger Suche zufällig irgendwo aus dem Untergrund auftauchen sehe.
Jetzt nur keine Panik, denke ich. Ich müßte doch längst an der Hochstraße sein. Schilder huschen vorbei, keines in einer für mich lesbaren Schrift. Wenn ich bloß nicht so ein ›Analphabet‹ wäre!
Wie die Erlösung aus einem Alptraum wirkt da der Anblick des mir von manchen Taxifahrten ins Büro bekannten Tempels an der Ecke. Nun trennen mich laut Plan nur noch drei Querstraßen vom Ziel. Wäre da nicht auf der Karte der winzige Pfeil vergessen worden, der die entgegenkommende Einbahnstraße anzeigt. Also noch ein paar Minuten Irrfahrt in andere Einbahn- und Sackgassen. Schöne Gegend, nette Häuschen – leider lauter falsche Nummern.
Zum Glück kommt mir in diesem Augenblick ein Briefträger entgegen. Ich halte ihm meinen *chizu* entgegen. Freundlich gestikuliert er in die einzuschlagende Richtung, dann schwingt er sich auf sein Rad, nickt mir kurz zu und radelt vor mir her zum ARD-Büro.

Es lag nur zwei Ecken weiter, genau 30 Meter vom Ende meiner Irrfahrt entfernt.
Trotz der Schwierigkeiten auf der letzten Etappe wird jede Ankunft in Tokio am Anfang zum Erfolgserlebnis. Viele, die irgendwo zu einem Abendtermin eingeladen sind, fahren die Strecke am Tage schon einmal zur Probe ab. Dennoch sind verspätete Partygäste eher die Regel als die Ausnahme.
Tokio genießt den fragwürdigen Ruhm, das undurchsichtigste Adressensystem und Straßennetz der Welt zu haben.
Den Chinesen jedenfalls, denen die Japaner vor der zweihundertjährigen Ära totaler Isolation so vieles abgeguckt haben, hinken sie im Punkte Städteplanung weit hinterher. Dem Fremden, der sich zum Beispiel in Peking nach einer Adresse erkundigt, erklärt ein Polizist den Weg etwa so: »Gehen Sie zwei Häuserblocks nach Norden, dann einen Block nach Osten, und Sie sehen auf der Südseite der Straße das gesuchte Haus.«
Es scheint, als hätten die Chinesen eine Art ›Natur-Kompaß‹ eingebaut. Das mag daran liegen, daß sich aus überlieferten religiösen Gründen fast alle chinesischen Städte vom wichtigsten Punkt weg, etwa dem Palast oder einem bedeutenden Tempel, in einem Gitternetz nach Süden ausdehnen.
Diesen schachbrettartigen, überschaubaren Bau der Städte haben die Japaner nur einmal übernommen: als sie vor 1300 Jahren die Kaiserstadt Kyoto anlegten. Dort kann es einem noch heute passieren, daß man von Einheimischen einfach in die nördliche oder östliche Richtung gewiesen wird.
Als ein knappes Jahrtausend später die Shogune (Militär-Herrscher) das Fischerdorf Edo – das heutige Tokio – zu einer Festungsstadt ausbauen ließen, war ihnen daran gelegen, daß sich feindliche Armeen in den bizarr

gewundenen Straßen und verwinkelten – oft vor Mauern im Nichts endenden – Gäßchen buchstäblich festliefen.
Weder die Verwüstungen und Feuersbrünste des großen Erdbebens von 1923 noch die schrecklichen Flächenbombardements der amerikanischen Luftwaffe in den Kriegsjahren 1944/45 haben Tokios Städteplaner – wenn es sie denn gab – zu einem übersichtlichen Wiederaufbau zwingen können.
Natürlich gibt es in einem so hochtechnisierten und so vom Präzisionsdenken besessenen Land wie Japan hervorragende großformatige Straßenkarten. Diese Stadtpläne enthalten nicht nur die Nummern der Häuserblocks, sondern oft sogar einzelne Hausnummern. Das Problem ist nur, daß sie ausschließlich in japanischer Schrift vorliegen und deshalb für die meisten Ausländer wenig hilfreich sind. Mit diesen Plänen arbeiten Postämter und Polizeidienststellen.
Ein selbst von Kulturhistorikern ungelöstes Rätsel bleibt, warum dennoch die meisten Japaner, wenn sie mit solchen Karten konfrontiert werden, über alle Maßen nervös sind. Die Wissenschaftler deuten das als eine angeborene, vielleicht tief religiös begründete Furcht des Durchschnittsjapaners, seinen Standort in der Natur und im All ganz exakt zu bestimmen.
Hinzu kommt, daß in dem immer noch aus einer Vielzahl kleiner ›Dörfer‹ bestehenden Moloch Tokio zahllose Bewohner sehr selten aus ihrem Viertel in andere Gemeinden der 20-Millionen-Menschen-Metropole ›reisen‹. In ihrer unmittelbaren Nachbarschaft können sie einem jeden Weg weisen – wenn man ihnen den *Namen* des Gesuchten nennt, und nicht seine *Hausnummer*. Über die Grenzen ihres Viertels hinaus aber ist ihnen Tokio so fremd und unheimlich wie dem Ausländer.
Vielleicht kommt es deshalb gelegentlich vor, daß völlig

Am Kaiserpalast in Tokio.

verzweifelte Taxifahrer in abgelegenen Gegenden, in denen sie die Orientierung verloren haben, ihren ausländischen Fahrgast, den *gaijin,* einfach zum nächsten Bahnhof fahren und ihn dort absetzen. Da ist der Stationsname wenigstens in einer für ihn lesbaren Schrift, *romaji* – lateinischen Buchstaben –, geschrieben. Und die Hoffnung ist berechtigt, daß der Fremde von hier aus wenigstens per Bahn ›nach Hause‹, in sein Hotel in der Innenstadt, zurückfindet.

Wochen nach meiner ersten Fahrt in die Stadt habe ich ein Erfolgserlebnis besonderer Art. Ich bin etwas außerhalb von Tokio zu einer Kunstausstellung eingeladen.

Um pünktlich an dem mir noch unbekannten Ort zu erscheinen, mache ich mich mit dem Taxi auf den Weg.

Der Fahrer studiert sorgfältig den der Einladung beigelegten Lageplan und vergleicht ihn während der Fahrt immer wieder mit seiner japanischen Straßenkarte.
Fast sind wir am Ziel angelangt – wir können beide das Gebäude hinter einer Brücke schon sehen –, findet er wegen der vielen Einbahnstraßen nicht weiter. Er steigt aus und läßt sich an einem Kiosk den Weg noch einmal erklären. Nach wenigen Minuten hält er vor der Galerie an.
Als ich die auf dem Taxameter stehende Gebühr von 2300 Yen bezahlen will, nimmt er das Geld dankend entgegen und gibt mir 300 Yen davon zurück: Es habe Schwierigkeiten gegeben, er sei Umwege gefahren, und die brauche ich nicht zu bezahlen.

HANAJIMAS LADEN EIN

Wir kommen aus unseren Weihnachtsferien zurück, und schon kurz vor der Landung in Narita sieht Tokio von oben wie eine Märchenlandschaft aus. Ein Japaner, der neben uns sitzt, blickt überrascht aus dem Fenster. Er erzählt uns, daß es in Tokio und an der pazifischen Küste sehr selten schneit, während im Norden des Landes und an der Sibirien zugewandten Nordwestküste viele Dörfer oft wochenlang durch meterhohen Schnee von der Außenwelt abgeschnitten sind.

Nach der Landung hören wir als erstes, daß keine Busse mehr in die Hauptstadt fahren. Die 70 Kilometer lange Autobahn ist gesperrt. Der Verkehr in die Millionenstadt ist lahmgelegt. Es gibt kaum Schneepflüge und Räumfahrzeuge. Die Zeitungen melden den stärksten Schneefall, den es in Tokio seit 40 Jahren gegeben hat.

Über zwei Stunden warten wir in der Flughafen-Station auf einen Zug, die einzige noch bestehende Verbindung in die Stadt. Dann erst erfahren wir, daß er Verspätung hat, weil die Weichen eingefroren sind.

Es ist kurz vor Mitternacht, als wir nach siebenstündiger ›Reisezeit‹ vom Flughafen endlich zu Hause eintreffen. Genausolang dauerte der Flug von Anchorage in Alaska nach Tokio.

Zum Kofferauspacken sind wir viel zu erschöpft. Müde sitze ich auf der Bettkante und sehe nur noch schnell die Neujahrspost durch. Es ist ein Brief aus Japan dabei. Frau

Blumeninsel! – geht es mir sofort durch den Kopf. Ich habe ja völlig vergessen, mich vor der Abreise noch einmal bei ihr zu melden. Gespannt reiße ich den Umschlag auf. Ihre Zeilen sind mit der Hand geschrieben, und neben der Anrede leuchten in kräftigem Lila handgemalte Orchideen. Frau Hanajima beginnt mit dem Satz: »Ist Ihnen etwas zugestoßen? Ich habe so lange nichts mehr von Ihnen gehört . . .« Der Brief endet mit Grüßen an die Familie und einer Einladung aufs Land.
Wie sehr hatte ich mich in den ersten Tagen im Hotel über diese Begegnung mit ihr gefreut, und nun ist sie es, die mich an ein Wiedersehen erinnert. Mit schlechtem Gewissen schlafe ich ein.
Freunde hatten uns aus Erfahrung erzählt: Zu Japanern nach Hause wirst du nie eingeladen. Meistens sind ihre Wohnungen viel zu klein. Man trifft sich deshalb lieber in den zigtausend Kneipen und Restaurants, die es hier gibt! Und nun bin ich also doch eingeladen.
Zwei Wochen später sind wir zu den Hanajimas unterwegs. Hinter der Autobahnausfahrt Nr. 9 sollen wir an der ersten Tankstelle links halten. Dort will Frau Blumeninsel warten, um uns zu ihrem Haus zu lotsen.
Unser Ziel haben wir ständig vor Augen: den Fuji, Nippons heiligen Berg, den die Japaner ehrfurchtsvoll Fujisan nennen. Selten rückt der von Tokio über 100 Kilometer entfernte Vulkan so greifbar nahe wie an den klaren, kalten Wintertagen. Sein schneebedeckter Gipfel glitzert im Sonnenlicht vor dem tiefblauen Himmel.
Es ist noch früh an diesem Sonntag im Januar, und die Autobahn ist fast leer. So haben wir Muße, auch die Landschaft zu genießen. In den tiefverschneiten Dörfern sind die nach oben geschwungenen Dachfirste unter ihrer dicken Schneehaube kaum noch zu sehen. Die kugelig beschnittenen Bäume in den Vorgärten muten wie aufeinandergeschichtete weiße Bälle an.

Beinahe verpassen wir noch wegen eines vor uns fahrenden Lastwagens die richtige Ausfahrt. In letzter Minute entdeckt Marcel die Nr. 9. Den Ortsnamen – in *kanji* – können wir immer noch nicht lesen. Gleich hinter dem Maut-Häuschen, wo wir die Autobahngebühr zahlen müssen, liegt eine Tankstelle.
Kaum sind wir wieder angefahren, da läuft uns Hanajima-san schon winkend entgegen. Hinter ihr stapfen die beiden Töchter, die kleine Rizako und die ältere Rinako, langsam durch den Schnee. Sie sehen lustig aus: die Puppengesichter, die Mandelaugen, die glatten schwarzen Haare – all das schaut aus österreichischen Trachtenjacken.
Leise, und ein wenig schüchtern noch, sagen sie: »Willkommen! – Guten Morgen.« Als ich die Ältere frage, woher sie so gut Deutsch kann, antwortet sie: »Von Mama gelernt.« Sie steigen zu uns ins Auto, und wir folgen Hanajima-san, die nun allein in ihrem Wagen vorausfährt.
Nach einer Viertelstunde halten wir auf einem für Japan ungewöhnlich großen Grundstück vor einem im westlichen Stil gebauten Haus. Rechts daneben, halb hinter den Bäumen versteckt, steht eine Halle, durch deren Fenster bläuliches Licht schimmert. Zwischen Kiesbeeten, die mit Gräsern und Büschen bepflanzt sind, führt ein schmaler Steinweg zum Haus. In der Mitte der Tür baumelt an einer Kette ein Messingschild mit dem Namen Hanajima – in lateinischer Schrift.
Gerd dreht das Schild um und fragt überrascht: »Auf dieser Seite in *kanji?*«
»Ja«, antwortet Frau Blumeninsel lachend, »es kommt auf die Gäste an. Wenn wir Japaner erwarten, nehmen wir einfach die andere Seite. Bitte kommen Sie doch herein«, fordert sie uns auf, nachdem wir in die bereitstehenden Hausschuhe geschlüpft sind und noch zögernd vor dem Wohnzimmer stehenbleiben.

Es ist ein sehr großer Raum mit zwei Ebenen und hohen, schmalen Fenstern, die von weinroten Samtvorhängen eingerahmt sind. Auf einer Empore steht als einziges ›Möbelstück‹ ein Notenständer und mitten im Raum ein schwarzer Flügel.
»Hier gebe ich hin und wieder Konzerte für unsere Freunde und Bekannten«, sagt Hanajima-san und bittet uns, auf der Couch Platz zu nehmen.
Während sie den Kuchen aufschneidet und Marcel eine Unterhaltung mit den beiden Mädchen versucht, blicke ich mich im Raum um
Wo ist wohl der Hausherr? denke ich.
Frau Blumeninsel scheint meine Gedanken zu erraten. »Es tut mir leid«, sagt sie. »Mein Mann ist noch nicht zurück. Er hatte noch eine dringende Besorgung für sein Labor zu erledigen und wird sicher jeden Augenblick hier sein.«
Herr Hanajima kommt mit einer halben Stunde Verspätung und bedauert, daß er nicht, wie seine Frau, Deutsch mit uns reden kann. Wir setzen die Unterhaltung also in Englisch fort.
Er hat in Amerika Biologie studiert und züchtet jetzt hier draußen seltene Orchideensorten. Mehrmals im Jahr reist er zu Blumenausstellungen ins Ausland, am häufigsten jedoch in die USA.
»Wenn es Sie interessiert«, sagt er, »können Sie sich unser Labor ansehen. Es ist nur ein paar Schritte vom Haus entfernt, gleich dort, wo Sie geparkt haben.«
Als wir das Labor betreten, weht uns feuchtwarme Treibhausluft entgegen. Hunderte von Glasbehältern schwingen Tag und Nacht an einem Gestänge hin und her, das bis unter die Decke reicht. Außer einem dickflüssigen Sandbrei ist für uns in den beschlagenen Glastöpfen nichts zu erkennen.
»Nach einigen Wochen beginnt der Samen, den Sie im Sand nicht sehen können, zu sprießen. Dann entstehen daraus ungefähr 50 Pflänzchen pro Glas«, erklärt uns Herr

Hanajima. »Ich kreuze Orchideensamen, um neue Farben und Arten zu züchten. Wie sie in voller Blüte aussehen, werde ich Ihnen später zeigen. In den Bergen, nicht weit vom Hakone-See, habe ich einige Treibhäuser. Sie stehen auf dem Grundstück meiner Eltern, die dort auch wohnen. Wir möchten Sie zum Essen einladen und könnten vorher noch die Treibhäuser besichtigen.«

Diesmal steigt Frau Hanajima in unser Auto ein. Sie möchte mit uns noch etwas Deutsch sprechen, weil sie so selten Gelegenheit dazu hat.

Über serpentinenreiche Straßen fahren wir durch das Vorgebirge des Fuji-Massivs. Dichte Kiefernwälder säumen unseren Weg. Es ist für mich wie ein Ausflug in die Voralpen. Nur ab und zu erinnert mich ein Bambuswald daran, daß ich in Japan bin.

»Sie haben recht«, erwidert Hanajima-san auf meine Bemerkung, daß es doch viel schöner sei, auf dem Lande zu leben als in der Betonwüste der Großstadt. »Aber es hat auch seine Schattenseiten. Schon in wenigen Jahren wird Rinako in Tokio die Oberschule besuchen. Das ist von hier aus ein weiter Weg. Anderthalb Stunden dauert die Fahrt. Erst mit dem Superexpreß *Shinkansen,* dann weiter mit der U-Bahn in die Stadt. Und am Abend die gleiche Strecke wieder zurück.«

»Ist das nicht eine gewaltige Strapaze für das Kind? Gibt es denn hier keine Oberschulen?« frage ich erstaunt.

»Das schon«, antwortet sie, »sicher acht bis neun. Aber die sind alle nicht die richtigen, wenn man an Rinakos weiteren Lebensweg denkt. Es ist sehr fraglich, ob sie die Aufnahmeprüfung für eine der guten Universitäten schafft, wenn sie von einem Gymnasium in der Provinz kommt. Deshalb schicken alle hier, die es sich eben leisten können, ihre Kinder auf die ›richtige‹ Oberschule in Tokio, die auf das Examen der ›richtigen‹ Universität vorbereitet.«

Wir kurven einen steilen, verschneiten Feldweg hinauf. »Gott sei Dank gehört meinen Eltern der halbe Berg«, sagt Herr Hanajima, als wir, oben angelangt, aussteigen, »sonst würden die großen Treibhäuser hier ein Vermögen kosten.«
Er führt uns in eine seiner Glashallen. Wir stehen vor einem Blütenmeer in Gelb und Orange, Lila und Weiß, rosafarben mit zarten Streifen, Blütenblätter matt wie Samt, andere schimmernd wie Seide.
»Orchideen brauchen feuchte Luft, und am besten stellen Sie die Pflanze ins Bad«, sagt Hanajima-san und schenkt mir eine seiner ausgefallensten Sorten: weiß mit lila Streifen. Die Blüten sehen aus wie kleine geöffnete Regenschirme.
Rinako und Rizako flüstern der Mutter etwas ins Ohr. »Ich glaube, wir sollten uns beeilen«, bittet uns Frau Blumeninsel, »sonntags sind die Lokale hier draußen immer sehr voll.«
Wenig später sitzen wir in einem alten Gasthaus am See, zwar auf dem Fußboden, doch nicht im Schneidersitz. In diesem Haus pflegt man die feine japanische Art. Die Beine haben ausgestreckt in einer Vertiefung unter dem Eßtisch Platz. Noch etwas tiefer glüht, unter einem Holzgitter, auf dem unsere Füße stehen, eine Infrarotlampe, die ›Eisbeine‹ verhindern soll.
Als ich mich unter den Tisch bücke, um diese Heizungskonstruktion zu bewundern, sagt Frau Hanajima lächelnd: »Wir sind nicht allein des Essens wegen mit Ihnen hierhergegangen, das ist in vielen Restaurants am Hakone-See vorzüglich. Nur sind die meisten miserabel geheizt. Auf diesem Gebiet haben wir bestimmt noch kein Weltniveau erreicht.
In Japan sind wir es seit Generationen nicht gewohnt, Häuser und Räume zu heizen. Wir wärmen die Menschen. Entweder die Füße, früher mit einem Holzkohlen-

feuer, neuerdings mit Infrarot-Strahlern, oder wir heizen nur eine kleine Ecke des Zimmers mit einem bullernden Kerosin-Ofen. Zwei Meter davon entfernt ist es schon wieder eiskalt. Denn unsere Häuser – alte wie neue – sind schlecht isoliert, haben keine Doppelscheiben, und es zieht aus tausend Ritzen im Gebälk. Sie müssen mal darauf achten: kaum ein japanisches Haus hat einen Schornstein, selbst viele der riesigen Mietskasernen in den Städten nicht.«
»Nun sind ja wohl auch so strenge Winter wie dieser selten, zumindest hier an der Pazifik-Küste«, werfe ich ein.
»Das stimmt«, bestätigt Frau Blumeninsel. »Aber Sie sollten mal im Winter hinauf in den Norden nach Hokkaido fahren oder an die Japan-See. Da dauert der Winter vier bis fünf Monate, doch die Häuser und Heizungen sind die gleichen wie in den wärmeren Landesteilen.«

Im Ryokan ist noch ein Zimmer frei

Während der Kellner auf dem von Schüsselchen, Tellern und Schälchen überquellenden Tisch eine Lücke für die wohl fünfzehnte japanische Köstlichkeit sucht, erinnert uns Herr Hanajima: »Hatten Sie nicht vor, auf dem Rückweg nach Tokio hier in den Bergen zu übernachten? Ich kenne hier in der Nähe ein altes japanisches Landgasthaus, da könnte ich Sie jetzt telefonisch anmelden, denn es ist üblich, bis 17 Uhr da zu sein. Sie wissen ja sicher: In einem *ryokan* übernachtet man nicht nur, sondern nimmt auch ein ausgedehntes, heißes Bad vor dem Abendessen, das immer im Preis eingeschlossen ist.«
»Auch ein japanisches Frühstück gehört dazu«, ergänzt

Frau Hanajima, »aber leider wird es nur bis 9 Uhr serviert, da die Zimmer um 10 Uhr geräumt sein müssen.«
Gerd und Marcel blicken sich vielsagend an, da sie alles andere als begeisterte Frühaufsteher sind.
Eine gute Stunde lang stapfen wir nach dem Essen durch einen dichten Bambuswald, in dem die Trampelpfade so schmal sind, daß wir nur hintereinander gehen können. Die Wintertage sind in Japan extrem kurz. So beginnt es schon dunkel zu werden, als wir kurz nach vier Uhr zu unserem Auto zurückkehren. Gerd, der in der fremden Umgebung längst jede Orientierung verloren hat, freut sich über den Vorschlag der Hanajimas, uns zum *ryokan* zu lotsen.
Nach kurzer Fahrt sehen wir an einem großen, dunklen Holzhaus, das an einem Berg inmitten eines Kieferngehölzes steht, schwachbeleuchtete *kanji*, die wir nicht lesen können. Als wir anhalten, deutet Frau Blumeninsel darauf. »›Palast zur Kiefernquelle‹ heißt Ihr *ryokan.«*
Herzlich verabschieden wir uns von den Hanajimas. Besonders Rinako und Rizako scheinen den Besuch der ›Fremden aus einem fernen Land‹ sehr genossen zu haben, wie ihre Mutter uns sagt. »Sie werden morgen sicher der ganzen Schule berichten, daß sie einen Tag lang mit *gaijin* zusammen waren. Das ist hier draußen immer noch so eine kleine Sensation.«
Noch bevor die Hanajimas wieder ins Auto steigen, eilt eine Angestellte aus dem Haus, verbeugt sich fast bis zum Boden, nimmt uns alle Gepäckstücke aus der Hand und bittet die ehrenwerten Gäste, doch einzutreten.
Ein zweites Zimmermädchen grüßt genauso ehrfurchtsvoll und hilft uns dann – den Männern zuerst! – aus den Straßenschuhen. Über einen langen, hochglanzpolierten Dielengang huschen wir hinter ihr her. Vor einer Schiebetür aus zierlichem hölzernem Gitterwerk, das mit Papier bespannt ist, bleiben wir stehen.

Hier ziehen wir jetzt auch die Hausschuhe aus und betreten das mit Reisstrohmatten ausgelegte Zimmer. Die zart nach Stroh duftenden, leicht federnden *tatami* anders zu betreten als auf Strümpfen wäre genauso stillos, als würden wir Europäer mit Schuhen auf die Betten steigen.
Unser Zimmer ist fast leer. Es gibt keine Betten und kaum Möbel. Einige flache Sitzkissen liegen auf dem Boden vor einem niedrigen Rosenholztisch. Auch die Wände sind nur sparsam dekoriert. In einer Nische hängt ein Rollbild, und auf einem winzigen Ecktischchen steht ein kunstvoll arrangiertes Blumengesteck. Alles ist harmonisch in Material, Form und Farbe aufeinander abgestimmt.
Das Zimmermädchen verstaut unser Gepäck in einem Wandschrank, stellt Tee und Gebäck auf den Tisch und erklärt uns lange und ausgiebig, wie der heutige Abend verlaufen wird: Bis kurz vor sieben Uhr hätten wir Zeit, im *o-furo,* Parterre, über den langen Gang hinten links, zu baden. Danach werde auf dem Zimmer das Abendessen serviert. Gegen 21 Uhr – oder wenn wir möchten auch früher – würden dann die Betten gerichtet. Zum Glück hatten uns die Hanajimas schon auf die *ryokan*-Zeremonien vorbereitet, dennoch verstehen wir vom Vortrag des Mädchens nur einzelne Worte.
Als wir allein sind, schlürft jeder von uns eine Schale heißen grünen Tee und zieht dann den bereitgelegten *yukata* an, den Hauskimono aus blau-weiß gemusterter Baumwolle.
Im japanischen Feierabend-Look schlüpfen wir auf dem Gang wieder in die Pantoffeln. Ich will die Zimmertür hinter mir abschließen, aber das geht nicht: *ryokan*-Türen haben keine Schlösser!
Vor dem *o-furo* verabschieden wir uns: Männlein und Weiblein baden getrennt.
Im Vorraum des Bads stehen kleine Wäschekörbe, in die man alles ablegen muß, was man noch trägt oder bei sich

hat: *yukata,* Schmuck, Kamm und Zahnbürste.
»Nur das Badetuch müssen Sie mit hineinnehmen«, hatte mir Hanajima-san eingeschärft. Ich suche vergeblich nach einem großen Frottiertuch. Nur winzige, dünne Baumwolltüchlein von Taschentuchgröße liegen sauber gefaltet in einem Korb neben dem Eingang. Ich nehme mir gleich drei davon.
Als ich die Tür zum *o-furo* aufschiebe, schlägt mir Wasserdampf in dichten Schwaden entgegen. Im Badebecken, aus dem die Hitze aufsteigt, erkenne ich in verschwommenen Umrissen ein paar Köpfe, die aus dem Wasser ragen. In einer Ecke sitzen auf winzigen Holzbänkchen zwei ältere Damen, die sich gegenseitig den Rücken schrubben. Auch ich seife mich von Kopf bis Fuß ein und spüle dann mit dem Wasser aus einem kleinen Holzzuber, den ich immer wieder am Warmwasserhahn nachfülle, die Seifenreste ab. Eine Dusche gibt es nicht.
Nun endlich, gründlich gereinigt, steige ich langsam zu den anderen ins *o-furo,* ins ›ehrenwerte heiße Bad‹. Das Becken, in dem sich außer mir sechs Damen entspannen, ist nicht größer als ein kleiner Swimmingpool. Doch niemand denkt daran, zu schwimmen. Das Wasser, das irgendwo aus dem vulkanischen Untergrund sprudelt, ist so heiß, daß man es nur ganz ruhig liegend ertragen kann: zwischen 40 und 50 Grad schätze ich.
Auch die beiden Damen, die sich so ausgiebig schrubbten, sind nun neben mir ins Becken eingetaucht. Sie unterhalten sich leise und scheinen die einzigen zu sein, die sich kennen. Sonst genießt man und schweigt.
Die wohlige Wärme hält noch bis zum Abendessen an. Als wir uns alle gut durchblutet und krebsrot im *tatami*-Zimmer wiedertreffen, ist der Tisch bereits liebevoll gedeckt. Ich verschwinde noch einmal kurz ins Bad, das von unserem Zimmer durch eine Schiebetür getrennt ist. Dahinter steht, vor der Toilette, ein weiteres Paar Haus-

schuhe. Extra fürs WC, mit aufgemaltem Klodeckel.
Während ich mich gerade an den Tisch setzen will, kommt das Zimmermädchen herein und bleibt, als ihr Blick auf mich fällt, wie versteinert stehen.
»Mein Gott«, flüstere ich entsetzt, »ich habe ja noch die Klo-Schuhe an!« Und das in einem *tatami*-Zimmer, das man nicht einmal in Hausschuhen betritt. Verlegen bringe ich sie sofort zurück.
Die Männer hocken locker im Schneidersitz am Tisch. Ich knie aufrecht – wie es sich für Damen gehört –, leicht gegen meine Fersen gelehnt. Uns gegenüber kniet das Zimmermädchen. Aufmerksam beobachtet sie jeden einzelnen. Es könnte ja eine Handreichung nötig werden.
Sie füllt warmen Sake nach, räumt nach jedem Gang unauffällig und fast geräuschlos die leeren Tellerchen vom Tisch auf ein Tablett, reicht hier ein Sößchen, dort ein Gemüschen auf winzigen Schälchen und Schüsselchen. So tafeln wir eine gute Stunde lang und fühlen uns fast wie im Schlaraffenland.
»Ins *ryokan* geht man«, hatte mir anfangs ein Deutscher erzählt, der schon länger in Japan lebt, »wenn man sich vom perfekten Service einlullen lassen will.«
Jetzt verstehe ich, was er gemeint hat. Als wir uns endlich erheben, kann ich minutenlang nur mit Mühe auf meinen eingeschlafenen Füßen stehen. Ich trete ans Fenster und schiebe das papierbespannte Holzgitter – die *shoji* – zurück. Wir blicken auf einen dezent beleuchteten, sparsam bepflanzten Felsgarten.
»Ein gutes *ryokan* ist das einzige, was im modernen Japan noch an die Pracht eines alten Herrenhauses erinnert«, hatte ich einmal gelesen. Und in der Tat: Wer jetzt noch kein Japan-Fan ist, muß es hier werden.
Es dauert eine Zeit, bis wir uns satt gesehen haben an der Harmonie dieses Gartens, dessen feingeharkte Kieswege keine Fußspur aufgerauht hat.

Wir schließen die *shoji* und treten ins Zimmer zurück. Der Tisch ist nicht nur abgedeckt, sondern aus der Mitte des Raums verschwunden. Das Zimmermädchen ist dabei, unsere ›Betten‹ zu machen. Sie befinden sich mit allem, was dazugehört, in einem Wandschrank. Zuerst rollt sie für jeden ein *futon* – eine baumwollgefütterte Matratze – auf den *tatami*-Matten aus, legt Laken und dann leinenbezogene Wolldecken darüber und rückt schließlich die ›Kopfkissen‹ zurecht. Das sind kleine, harte Nackenrollen, die einst dafür sorgten, daß die kunstvolle Frisur während der Nacht nicht durcheinandergeriet.
Wir sind froh, daß sie heute mit Buchweizenspreu oder Schaumstoffkügelchen gefüllt sind. Früher pflegten die Samurai und Geishas auf Kopfkissen aus Porzellan oder Holz ihre harten Nächte zu verbringen, um ihre Frisuren zu schonen.
Mit einem letzten prüfenden Blick inspiziert das Zimmermädchen sein Werk, nickt und rutscht rückwärts – auf den Knien – zur Tür hinaus. Draußen erst erhebt es sich, erinnert uns noch an die Frühstückszeit und wünscht eine gute Nacht.
In unseren *yukata* lassen wir uns auf den Boden nieder und schlüpfen in die Betten. Das Allzweckgewand dient, besonders in japanischen Hotels, auch als Nachthemd.
Ehe wir einschlafen, steht Gerd noch einmal auf. Er hatte vergessen, den elektrischen Ofen unter dem Fenster auszuschalten, der den ganzen Abend redlich versucht hatte, den Raum auf einer ›Hochtemperatur‹ von ca. 18 Grad zu halten.
Am Morgen brauchen wir – notorische Langschläfer, die wir sind – dennoch keinen Wecker. Durch die dünnen Wände dringen Hüsteln, Gurgelgeräusche, Geschirrklappern und Gesprächsfetzen. Vom Gang her – durch das Holzfiligran der *shoji*-Tür – das Schlurfen der Pantoffeln von Gästen und Zimmermädchen, die das Frühstück

bringen. Die *ryokan*-Gemeinde hat den neuen Tag begonnen, keiner kann das überhören.
Punkt 8 Uhr 30 wird nach einem kurzen Klopfen mit fröhlichem »*ohayo gozaimasu* – guten Morgen!« – die Zimmertür aufgeschoben. Über den Boden rutscht ein riesiges Tablett in den Raum, ihm folgt – auf den Knien – das Zimmermädchen. Blitzschnell werden die ›Betten‹ zusammengerollt und zurück in den Wandschrank verstaut. Der niedrige Tisch und die Sitzkissen kommen wieder in die Mitte des Zimmers.
Schweigsam und noch etwas unentschlossen blicken wir auf das erste japanische Frühstück unseres Lebens: ein rohes Ei, getrockneter Seetang, Reis, einige sauer eingelegte Gemüsestückchen, gesalzener Fisch und eine lauwarme, klare Suppe, aus der uns mit toten Glotzaugen zwei winzige Fischchen ›anblicken‹. Dazu jede Menge grüner Tee.
Das Zimmermädchen lächelt uns aufmunternd zu, und tapfer bemühen wir uns, irgendeinen Bissen hinunterzukriegen.
Wenig später stehen wir am Eingang und tauschen unsere *ryokan*-Pantoffel wieder gegen die eigenen Schuhe. Sie werden aus einem Boiler-Raum, leicht angewärmt, herbeigeholt.
Gerd, der eben die Rechnung beglichen hat, bemerkt trocken: »Ein Luxushotel eben – nicht nur in den Preisen!«
Wahr ist, daß die Übersetzung ›Landgasthaus‹ den Eindruck erweckt, ein *ryokan* sei billig. Doch viele, besonders die alten und besseren Häuser, sind teurer als die First-Class-Hotels in den Großstädten. Allerdings inklusive der beiden Mahlzeiten, auf die man selten verzichten kann. Das Wichtigste aber – besonders für die Japaner: Sie bieten einen so persönlichen Service und ein derartiges Gemeinschaftserlebnis, daß sich der Reisende, auch

in der Fremde, nicht verloren vorkommt.
Beim Abschied erhalten wir einen letzten Beweis dafür: Das gesamte Hotelpersonal, an der Spitze die ›Herbergsmutter‹ im feinen Sonntagskimono, ist neben der Auffahrt angetreten. Mit zahlreichen tiefen Verbeugungen, einem Chor von »Auf Wiedersehen«, »Gute Reise« und »Kommen Sie bitte bald wieder« werden wir auf den Weg gebracht.
Ein Abschied von alten Freunden hätte kaum herzlicher ausfallen können.

Die Lehrerin und die drei Möglichkeiten

»*Donata desu ka?* – Wer ist da?« frage ich durch die Sprechanlage, als es draußen an der Haustür klingelt.
»*Mori desu*«, tönt es zurück.
Mit einem fröhlichen »*Ohayo gozaimasu* – Guten Morgen« begrüßt uns jeden Mittwoch um zehn unsere Lehrerin.
»*Ganbatte, ganbatte* – Strengen Sie sich an!« mahnt sie uns kurz vor dem Unterricht und erklärt uns in fließendem Deutsch: »Wissen Sie, es gibt in unserer Sprache für alles immer drei Möglichkeiten und oft noch mehr. Um Höflichkeit und Respekt auszudrücken, ist es zunächst einmal wichtig, zu berücksichtigen, mit *wem* man redet. Man spricht anders nach oben als nach unten. Sie können also, während Sie einer Unterhaltung zuhören, an den Höflichkeitsformen klar erkennen, wer der Ranghöhere oder wer der Rangniedere ist.
Der Abteilungsleiter spricht anders mit seiner Sekretärin als mit seinem Chef. Mit Freunden redet man anders als mit Fremden. Jeder möchte in der japanischen Gesellschaft genau wissen, welchen Rang der andere einnimmt, und wenn auch nur, um den richtigen Ton zu finden.«
Mori-san hält inne und fährt dann fort: »Am besten verstehen Sie das an einem Beispiel. Nehmen wir den einfachen Satz: ›Ich gebe Ihnen das Buch.‹ Zu einem Untergebenen, etwa Ihrem Dienstmädchen, würden Sie sagen: ›Da, nimm das Buch!‹ Zu einem Kollegen im gleichen

Rang ganz neutral: ›Ich gebe Ihnen das Buch.‹ Wenn Sie es aber Ihrem Direktor überreichen wollen, muß man sich selbst aus Höflichkeit kleiner machen. Dann sagen Sie also: ›Ich reiche Ihnen das Buch hinauf.‹ Der Vorgesetzte steht höher auf der ›Leiter‹.
Müssen Sie es gar dem Firmenpräsidenten übergeben, sollten Sie ihm – zumindest theoretisch – die Möglichkeit lassen, die Annahme von ›so tief unten‹ zu verweigern. Sie sagen also vorsichtig: ›Ich möchte Ihnen vielleicht das Buch hinaufreichen.‹
Es gibt, glaube ich, keine andere Sprache auf der Welt, die in dieser Beziehung an die japanische heranreicht, deren Wortschatz so reichhaltig, deren Satzbau und Wortwahl so wandelbar ist, wenn es darum geht, Höflichkeit oder Bescheidenheit auszudrücken.
Aber fangen wir noch einmal mit der Begrüßung von heute an. Die einfachste Form für ›Wer ist da?‹ heißt: ›*Dare desu ka?* – oder nur ›*dare?*‹. So fragen Kinder oder Freunde. Fremden gegenüber ist das jedoch zu unhöflich. Mit ›*Donata desu ka?*‹ haben Sie mich heute richtig begrüßt. Noch eine Spur höflicher, ein bißchen verschwommen, klingt dann: ›*Donata deshōka?* – Wer wäre da, oder wer könnte das wohl sein?‹ Das läßt sich aber auch noch steigern und heißt dann: ›*Donata-sama deshōka?* – Wer könnten die geschätzten Herrschaften wohl sein?‹
Sollten Sie einen Anruf des Herrn Präsidenten erwarten, kann das direkte ›Wer‹ *(donata)* auch etwas weniger ›plump‹ ausgesprochen werden. So ist eine Ausdrucksform allergrößter Distanz: ›*Dochira-sama de irasshaimasu deshōka?*‹. Die Herrschaften werden sich dann noch ›geschätzter‹ fühlen.«
Wie man bei einem Anruf des Kaisers fragt, lernen wir erst gar nicht. Bei Hofe gibt es wieder eine andere, bestimmt noch bessere Möglichkeit.

In der nächsten Unterrichtsstunde lehrt Mori-san, daß es noch eine ›Frauen‹- und eine ›Männersprache‹ gibt, daß man also einem Brief sofort entnehmen kann, ob er von einer weiblichen oder einer männlichen Person verfaßt worden ist.
»Redet man von Familienmitgliedern, wird es besonders kompliziert. Hier herrscht noch heute die aus konfuzianischem Denken stammende hierarchische Ordnung besonders deutlich: ›Meine Ehefrau‹, *kanai,* ist nicht wie ›Ihre Ehefrau‹, *oku-san.* ›Mein Vater‹, *chichi,* heißt anders als ›Ihr Vater‹, *otō-san.*
Im Japanischen unterscheidet man zwischen meiner älteren Schwester, *ane,* der älteren Schwester der Nachbarin, *onē-san,* der älteren Schwester des Herrn Direktors, *onē-sama.* Die jüngere Schwester heißt aber nur *imoto.* Sie nimmt in der Rangordnung den niedrigsten Platz ein, und deswegen gilt für ›meine‹ und ›Ihre Schwester‹ das gleiche Wort.«

Das Loch im Satz

Auch wenn Mori-san, unsere Lehrerin, das lebhaft bestreitet: Das korrekte Erlernen der japanischen Sprache gehört gewiß zu den schwierigsten Geistesübungen. Das liegt nicht nur daran, daß es besonders zeitaufwendig ist, die grammatikalischen Besonderheiten der vielfach ähnlich klingenden Wörter und die ungeheuer zahlreichen Vokabeln zu pauken, für die es keine ›Eselsbrücken‹ zu irgendeiner verwandten Sprache gibt.
Mori-san fährt mit der Hand durch die Luft: »Fangen Sie die Worte auf wie einen Schmetterling!«
Ach, Mori-san, er entkommt uns leider immer wieder . . .
Selbst Japanologen, die nach einem langwierigen Studium der Sprache in Wort und Schrift mächtig, hierher-

kommen, gestehen noch nach Jahren, viele Japaner nicht ›richtig‹ zu verstehen.
Das kann nicht nur an den komplizierten und wortreichen Höflichkeits- und Bescheidenheitsformeln im Umgang miteinander liegen. »Das größte Problem«, gestand mir ein promovierter Japanologe, »liegt in dem, was die Japaner *nicht* sagen und was der Ausländer erraten muß.«
Monate später – nach mehreren Treffen mit einer uns bekannten japanischen Familie – verstehe ich erst, was er gemeint hatte. Während wir im Haus der Nakanos beisammensaßen, hörte ich oft, wie der Hausherr zu seiner Frau sagte: »Bring mal her!« Und dann trabte Frau Nakano mit dem Aschenbecher an, der auf dem Tisch fehlte, oder mit dem Buch, in dem ihr Mann für uns etwas nachschlagen wollte, oder einfach mit der Teekanne, um die leeren Tassen aufzufüllen. Alles, ohne daß auch nur ein einziges Mal der gewünschte Gegenstand in des Hausherrn Bitte erwähnt worden wäre.
Nachdem das sieben- oder achtmal ähnlich geschehen war und wir uns auch schon etwas besser kennen, kann ich nicht mehr an mich halten und frage die Hausfrau rundheraus:
»Wie ist das möglich? Wie wissen Sie immer, was Ihr Mann meint, wenn er es gar nicht sagt?«
Erstaunt und leicht errötend blickt sie mich an. »Aber das ist ganz einfach, wenn man lange zusammen ist. Wir verständigen uns ja nicht nur durch die Sprache, sondern auch mittels des Bauchs (dem Sitz der Seele und des Gefühls!).«
Dr. Nakano, Soziologieprofessor an einer Tokioter Universität, glaubt, uns den für Fremde offenbar schwer verständlichen Umstand näher erklären zu müssen.
»Wir Japaner lebten jahrhundertelang sehr eng und in geschlossenen Gruppen zusammen: nicht nur auf unse-

ren Inseln, lange von der Außenwelt hermetisch abgeschlossen, sondern auch im Lande selbst, wiederum in kleinen ›Inseln‹, überschaubaren Dorf- und Stadtgemeinschaften. Dort kannte jeder jeden, wußte über seine familiären und sozialen Verhältnisse genau Bescheid. Meine Großeltern wohnten noch in solch einem typisch japanischen Ort, in dem die Reisfelder nicht von einzelnen oder von Familien, sondern von der ganzen Dorfgemeinschaft bestellt wurden.
In einer so eng miteinander lebenden Gemeinschaft genügte es, wenn sich die Frauen bei der Feldarbeit zum Beispiel zuriefen: ›Das Kind ist da!‹ Jeder wußte genau – ohne daß man es erwähnen mußte –, es konnte nur Satos Baby sein. Denn von den drei oder vier schwangeren Frauen des Dorfes war sie, wie alle täglich sehen konnten, der Niederkunft am nächsten.
Man mußte in diesem ›zweiten Kreis‹, der Gruppe der Dorfbewohner, der direkt hinter dem ›ersten Kreis‹, der Familie, kam, einfach weiträumiger mitdenken und mitfühlen. Man mußte erahnen, wer nicht zur Feldarbeit kommen konnte, weil er schon am Vorabend krank ausgesehen hatte. Gesprochen wurde darüber nicht.
Diese Verständigung ohne Worte, oder mit wenigen, ohne jeden Bezug, machte es sogar Japanern ›von außen‹ schwer, die Leute im Dorf zu verstehen. Und früher, in den kriegerischen Wirren, zogen ja häufiger mal Samurai-Horden durchs Dorf oder später friedliche Kaufleute. Die Einheimischen genossen es förmlich, wenn die Fremden ihre andeutungsweisen Sätze nicht begriffen und der Sinn einer Aussage ihnen verborgen blieb.«
Professor Nakano lacht und fährt fort: »Ein wenig haben die Japaner diese ›Verständigung durch Auslassen‹, die nur in der eigenen Gruppe – einer Firmenbelegschaft etwa – funktioniert, auch heute noch beibehalten. Und das ist es, was euch Ausländern zum Beispiel bei

Geschäftsbesprechungen das Leben hier so schwer macht. Selbst wenn ihr glaubt, Japanisch zu verstehen!«

Eine Sprache wie ein Gemälde

Auch ohne die Auslassungen, die den Zuhörer zwingen, das gemeinte, aber wesentliche Detail zu erraten, ist die Sprache vage und ungenau in ihren Formulierungen. Oft bin ich erstaunt, wenn ich dem Taxifahrer zurufe: »*Migi magatte kudasai* – Biegen Sie bitte rechts ab!« Fast immer fragt er zurück, weil ja im Straßengewirr von Tokio zahllose Straßen und Gäßchen von der Hauptstraße abzweigen: »Hier in diese Straße oder erst ins nächste Gäßchen?« – »Dort an dem gelben Haus mit den blaugestrichenen Fensterrahmen«, hätte ich natürlich hinzufügen müssen, wenn mir all diese Worte rechtzeitig eingefallen wären.
Es ist oft schwer, eine simple Aussage in einem einzigen Satz zu fixieren. Meist müssen mehrere Sätze helfen, die Aussage einigermaßen präzise einzugrenzen.
Wie bei japanischen Landschaftsgemälden gibt es auch in der Sprache keine scharfen Konturen, kein klares Schwarz oder Weiß, sondern unendlich viele Zwischentöne in unterschiedlichen Abstufungen. Kein Baum ist grün. Er hat grüne Blätter, gewiß, aber auch gelbe und braune. Dunkle Äste und vielerlei Schatten ändern oft die Farben. Es würde die Harmonie der Natur stören, einen Baum schlicht als grün zu bezeichnen, weil sich ja außerdem sein Farbbild in jeder Jahreszeit verändert.
Die allzeit erstrebte Harmonie, auch des menschlichen Zusammenlebens, würde durch eine zu pointierte, eindeutige Sprache gestört werden: Jemand könnte sich betroffen fühlen, unverstanden zumindest. Die Harmonie wäre zerstört.

Kein Handwerker ist faul oder unfähig, weil er einen bestimmten Auftrag nicht termingerecht erledigt. Man muß ihm Gerechtigkeit widerfahren lassen – das ganze Bild zeichnen: seine Auftragslage, seine Arbeitsmethoden, seine Privatspähre (Krankheit, schwangere Frau, sterbender Vater). All das können Gründe für seine momentane Unzuverlässigkeit sein.
»Ja« – *hai* – und »nein« – *ii-e* – bedeuten keinesfalls Zustimmung oder Ablehnung wie bei uns im Westen. Das eifrige, immer von einem Kopfnicken begleitete *hai* bejaht nicht etwa eine Frage, sondern heißt lediglich: »Ja, ich habe mich bemüht, Sie zu verstehen.«
Ein Mißverständnis übrigens, durch das sich schon mancher vermeintliche Geschäftsabschluß zwischen einer ausländischen Delegation und einer japanischen Firma später als Fehlkalkulation erwies.
Wie schwer es Japanern fällt, eine negative Antwort zu geben, erlebte ich vor kurzem in einem Schuhgeschäft. Nachdem ich das richtige Modell und die richtige Farbe gefunden hatte, suchte ich nach der passenden Größe. Als ich den Verkäufer bat, mir zu helfen, zögerte er einen Augenblick – wahrscheinlich vor Schreck –, als er meine Füße sah, und sagte: *»Hai, chotto arimasen* – Ja, ein bißchen haben wir sie nicht.« Er hatte meine Größe wirklich nicht, und es tat ihm leid, mich zu enttäuschen. Wenn auch nur ein ›bißchen‹.
Neulich kam Gerd von Dreharbeiten im Parlament, dem *Diet*, nach Hause. Mit Hilfe von zwei japanischen Dolmetschern hatte er versucht, einer hitzigen Debatte über einen Antrag der Opposition zu folgen. Nach stundenlanger Diskussion, so erzählte er, trat schließlich der zuständige Minister ans Rednerpult, was nach japanischem Brauch die Debatte beendet, und erklärte der Opposition: »Was diese Angelegenheit betrifft, werden wir sie im Licht zukünftiger Entwicklungen in positivem Sinn studie-

ren, auch wenn vielleicht nicht alle Ihre Erwartungen voll befriedigt werden.«
›Ablehnung‹ schrieb einer der Dolmetscher an den Rand dieses Satzes. ›Zu den Akten gelegt‹, deutete der andere diese Worte.
Die Sache, so verstand es auch jeder Abgeordnete im Plenum, war geregelt, ohne daß eine Partei dabei das Gesicht verloren hätte. Typisch japanisch eben!
Es gehört zur hohen Kunst der Sprache, nicht nur bei Politikern oder Diplomaten, Worte eher zu benutzen, um Gedanken zu verbergen, als sie auszusprechen. Mögen einfache Leute noch geradeheraus miteinander reden, so benutzen gebildete und gesellschaftlich hochstehende Japaner absichtlich äußerst gewundene Sätze. Auch, um damit Würde, Ansehen und ›die Distanz‹ zu betonen: Dunkel und mehrdeutig bleibt ihrer Rede Sinn.
Deshalb hat Gerd, nach vielen einschlägigen Erfahrungen, schon davon Abstand genommen, bei geplanten Interviews auf einem Gespräch mit dem Firmenchef oder dem Spitzenpolitiker zu bestehen. Die Auskünfte sachkundiger Abteilungsleiter aus Industrie und Regierungskreisen sind oft wesentlich präziser.
Vollends aus dem Gleichgewicht geraten Japaner, wenn sich, nach telefonischer Verabredung, der Gesprächspartner bei der ersten persönlichen Begegnung als einer dieser ›direkten‹ Ausländer entpuppt. Mit einer Serie nichtssagender Füllwörter beginnt ein deutscher Geschäftsmann, der fließend Japanisch spricht, dann seinen ersten Satz: *»Ano ne, chotto sumimasen kedomo«,* – »Also, äh, ich muß mich ein bißchen entschuldigen, aber . . .«, heißt das in etwa. Er gibt damit, so glaubt er, dem japanischen Gesprächspartner Zeit, im Geiste ›einen anderen Gang einzuschalten‹ oder ›den Panik-Knopf zu drücken‹, ehe er zu einer direkten Antwort herausgefordert wird.

Ungewöhnlich offen äußerte sich einmal ein Naturwissenschaftler in einem Interview, das Gerd für eine Fernsehsendung machte. Darin ging es um das Problem, daß Japan seinen wirtschaftlichen Welterfolg hauptsächlich dem gekonnten Kopieren ausländischer Erfindungen verdanke.

»Wenn wir Japaner den ungeheuren Zeitaufwand und die Energie, die wir zum Erlernen unserer *eigenen* Sprache brauchen, anders verwenden könnten – zum Beispiel für wissenschaftliche Schulung und Forschung –, hätten wir heute die meisten Patente«, meinte der Physikprofessor.

Für eine Erfindung, denke ich manchmal, hätten sie bestimmt ein Patent, wenn nicht gar eine Goldmedaille verdient: für die ausgefallenste Zählweise der Welt! Ob flache oder runde, große oder schmale Gegenstände, ob Tomaten oder Bier, ob Mensch oder Tier, beim Zählen ist zwei noch lange nicht zwei.

Bei zwei Autos heißt das *ni-dai,* bei zwei Tassen Tee sagt man *ni-hai,* zwei Unterhosen klingen noch ähnlich *ni-mai,* schon bei Kleidern wird es kompliziert: *ni-chaku.* Bei Tomaten heißt es dann einfach *ni-ko.*

Bei Flaschen sagt man ni-hon, aber bei Menschen *futari.* Sind es aber vier, werden die Zahlwörter wieder ähnlicher: Dann heißt es bei Flaschen *yon-hon* und bei Menschen *yo-nin.*

Daß sich Japaner dieser Vielfalt gar nicht bewußt sind, erfuhr ich, als ich in unserem Bekanntenkreis fragte: »Wie viele Zählweisen habt ihr denn eigentlich?«

Die Skala der Antworten reichte: »Ich weiß nicht so genau. Bis zu 20, vielleicht 30 – höchstens.« Oder: »Darüber haben wir noch nie nachgedacht.« Tatsächlich aber gibt es weit über 70 verschiedene Möglichkeiten zu zählen.

Als ich vor wenigen Jahren – wir waren erst einige Monate in Tokio – in einem Restaurant meine ersten

Japanisch-›Brocken‹ ausprobieren wollte, lachten unsere Freunde noch Stunden später.
Der Ober hatte gerade den Tee serviert, da bat Gerd mich, weil ihm das Restaurant so gut gefiel, doch für den kommenden Samstag einen Tisch für vier Personen zu reservieren.
Formvollendet – stolz, ein paar Zählweisen im Kopf zu haben – sprach ich den Kellner an – und bestellte einen Tisch für vier Flaschen! Die Zahlen klangen am Anfang doch alle so ähnlich . . .

Kanji – jedes Wort ein Bild

Um nicht nur die Sprache, sondern auch ihre weit komplizierteren Schriftformen zu erlernen, brauchen Japaner vom Kindergarten bis zur Hochschulreife. Europäische oder amerikanische Kinder hingegen beherrschen praktisch am Ende des ersten Schuljahres das lateinische Alphabet mit seinen 26 Buchstaben. Sie können alles lesen, auch wenn sie vieles noch nicht verstehen.
Japaner aber lernen während der sechsjährigen Grundschulzeit bis zum Alter von 12 Jahre erst rund 1000 *kanji* (chinesische Schriftzeichen). Dazu noch die je 46 Zeichen der beiden japanischen ›Hilfs-Alphabete‹, die ›runden‹ *hiragana* und die ›eckigen‹ *katakana* und – weil der Englischunterricht beginnt – die 26 Buchstaben des lateinischen Alphabets *(romaji)* obendrein. Lesen können die 12jährigen mit diesem immensen ›Zeichenvorrat‹ allerdings nur speziell für Kinder geschriebene und auf wenige *kanji* beschränkte Jugendbücher.
Wir, die wir uns mit Mori-san seit drei Jahren zweimal in der Woche eine Stunde lang noch immer mit den beiden ›Hilfs-Alphabeten‹ herumschlagen, werden das Erfolgserlebnis wohl nie haben, den Inhalt einer japanischen

Zeitung zu verstehen. Dafür sollte man rund 2000 *kanji* beherrschen, die dort in der Kombination mit *hiragana*-Zeichen oder bei Fremdwörtern auch mit *katakana* vorkommen. Mindestens der Mittelschulabschluß im Alter von 16 Jahren ist erforderlich, um eine Tageszeitung oder eine Wochenzeitschrift lesen zu können.

Um allerdings den gewaltigen ›Pauk‹-Aufwand der Japaner über 10 Schuljahre hinweg recht zu würdigen, muß man noch eines wissen: Jedes der schon im 6. Jahrhundert aus China übernommenen Schrift-Bild-Zeichen (Ideogramme), die in Japan ›*kanji*‹ heißen, hat mindestens zwei, manchmal auch bis zu zehn Bedeutungen. Nur große Lexika verzeichnen noch 40 000 bis 50 000 *kanji*. Doch seit 1981 hat das Erziehungsministerium die Zahl der Zeichen, die an Schulen gelehrt werden und im Alltagsgebrauch nötig sind, auf rund 2000 beschränkt. Mehr als 3000 beherrschen nur Sprachwissenschaftler, einige alte Kalligraphen (Schönschreiber) und vielleicht ein paar Literaten. Sie allerdings müssen bei Verwendung ungebräuchlicher und ausgefallener *kanji* damit rechnen, von der Masse der Leser nicht verstanden zu werden.

Dabei ist Lesen in Japan, dem Land mit der niedrigsten Analphabetenrate der Welt, ein ›Volkssport‹: Japan hat die größte Zeitungsdichte der Erde. Nippons Tageszeitungen erscheinen täglich mit einer Auflage von 68 Millionen Exemplaren. Der Pro-Kopf-›Konsum‹ an Zeitungslektüre ist damit fast anderthalbmal so hoch wie bei uns in der Bundesrepublik.

Als ›Analphabetin‹ im Lande der Leseratten belustigt und beruhigt es mich, daß Japaner trotz immensen Studienaufwands noch ihre Schwierigkeiten beim Lesen haben. So beobachte ich bei meinen U-Bahn-Fahrten häufig, wie sie plötzlich beim Zeitungslesen innehalten und sich mit dem rechten Zeigefinger ein unklares *kanji* auf die linke Handfläche malen. Dann: Stirnrunzeln, Nachdenken. Nächster Versuch, diesmal in Verbindung mit einem anderen Zeichen. Plötzlich verklärtes Staunen, befreiendes Aufblicken. Das Rätsel ist gelöst – das Zeitungsstudium kann weitergehen.

Einmal habe ich ›unseren‹ Soziologieprofessor Nakano gefragt, warum denn so viele Versuche gescheitert seien, die umständliche Schrift durch Übernahme des lateinischen Alphabets abzulösen. Die Antwort war: »Wir würden nicht nur eine uralte Tradition, sondern ein Stück unseres Selbst aufgeben!«

Kimonos, Kunst und Pierre Cardin

Es ist ein extrem feuchtheißer Julimorgen, den nicht einmal die Nacht abgekühlt hat. Wir hatten die Klimaanlage die ganze Zeit laufen lassen, aber schon, als ich den Fuß aus dem Bett setze, ist mir klar: Heute wirst du keine großen Taten vollbringen. Vor allem wegen dieses Waschküchen-Klimas zähle ich die Tage, die wir noch in Tokio bleiben. Wir haben unseren ersten Heimaturlaub geplant, dem ich nun entgegenfiebere.

Als er ins Büro fuhr, hatte Gerd mich noch zu trösten versucht: »Sei froh, daß du noch hier bist, zu Hause in Deutschland wird's ohnehin oft genug regnen.«

Die Türklingel reißt mich aus meinen Urlaubsgedanken. Draußen steht Nakano-san, die Frau des Soziologieprofessors aus unserer Nachbarschaft.

»Wollen wir gehen?« begrüßt sie mich. »Ich habe so viele Geschenke zu besorgen, daß es gut ist, wenn wir zu den ersten gehören.«

Jetzt erst fällt mir wieder ein, daß ich vor einigen Wochen, bei unserem Treffen mit den Nakanos, ganz beiläufig erwähnt hatte, vor unserem Heimflug noch einmal zur Ginza fahren zu wollen, um dort in einem der Kaufhäuser ein paar Mitbringsel für Verwandte und Bekannte zu besorgen.

»Dann können wir zusammen reinfahren«, hatte Frau Nakano – wie mir schien ebenso beiläufig – geantwortet. Und wir hatten den heutigen Dienstag ausgemacht.

Fünfzehn Minuten später sind wir unterwegs, in der U-Bahn Richtung Ginza.
Aus Sorge, ich hätte Frau Nakano durch meine Vergeßlichkeit zu lange aufgehalten, blicke ich verstohlen auf die Uhr, als wir schwitzend die Treppe aus der Bahnstation hochsteigen, die direkt ins Tiefparterre eines Kaufhauses führt.
9 Uhr 59! Die Türen sind noch geschlossen, aber davor drängeln sich bestimmt über hundert Menschen. Das habe ich noch nie erlebt – allein schon deshalb nicht, weil ich noch kein einziges Mal so pünktlich zur Öffnungszeit vor einem Kaufhaus angekommen bin.
Schlußverkauf, schießt es mir durch den Kopf. Doch ich habe keine Zeit mehr, meine Begleiterin zu fragen. Vor uns kommt Bewegung in die Menge, von irgendwoher ertönt ein melodisches Glockenspiel. Die breiten Glastüren schwenken auf. Von hinten werden wir vorangeschoben.
Und dann schreiten wir – es fehlt nur noch der rote Teppich – wie Staatsgäste durch ein ›Begrüßungsspalier‹, das sich zu beiden Seiten des Eingangs aufgereiht hat. Zuerst zwei Empfangsdamen in figurbetonten Uniformen – rostrotes Kostüm, dazu passender Filzhut mit schwarzem Band. Dann zwei Verkäuferinnen – leichter und zweckmäßiger gekleidet. Rock und Bluse in den Firmenfarben. Am Ende der Reihe ein Herr im obligaten dunkelblauen Nadelstreifenanzug – trotz der Hitze draußen! Offenbar ein Abteilungsleiter.
Alle verbeugen sich unentwegt in einem genau festgelegten Winkel und zirpen – außer dem Mann – mit seltsam hohen Fistelstimmen jedem eintretenden Kunden entgegen: »Guten Morgen! Herzlich willkommen! Es tut uns leid, daß die verehrten Herrschaften warten mußten.«
Das Glockenspiel ist verklungen. Die Frühstarter haben das Begrüßungsspalier passiert – da ertönen Walzer-

klänge aus den Lautsprechern »Donau so blau, so blau, so blau . . .«
Dazu erklingt eine Stimme, erst in Japanisch, dann in Englisch – man ist ja schließlich in einem Konsum-Tempel der internationalen Spitzenklasse: »Den hochverehrten Damen und Herren der Kundschaft . . . wird untertänigst mitgeteilt, daß das Unternehmen einen Geschenkberatungsdienst eingerichtet hat. Mitarbeiter stehen im Erdgeschoß zur Verfügung, um alle etwa auftretenden Probleme zu besprechen und Vorschläge für ihre Lösung zu machen.«
Frau Nakano versteht meinen erstaunten Blick: Geschenke im Juli?
»Ja«, sagt sie lachend. »Sie haben nur Weihnachten als Geschenksaison. In Japan aber ist zweimal im Jahr ›Weihnachten‹.«
Und dann, etwas verlegen: »Würden Sie mich bitte entschuldigen? Ich müßte dringend in die Beratungsstelle, solange es dort noch nicht so voll ist.«
»Da komme ich mit«, sage ich spontan. »Das interessiert mich.«
Wir haben, vielleicht durch unser kurzes Gespräch zu viel Zeit verloren. Als wir zu der Beratungsstelle im Erdgeschoß kommen, warten schon fünf bis acht Kunden vor den Tischen, hinter denen die Kaufhausangestellten sitzen.
Frau Nakano läßt sich ihre Enttäuschung kaum anmerken: »Ich glaube, es wird hier ein bißchen dauern«, meint sie.
Während wir noch einen Platz in der kürzesten Reihe suchen, fällt mein Blick auf riesige Regale. Endlose Stapel von Geschenkpackungen! Äpfel, hochglanzpoliert, in seidenbeschlagenen Kartons. Dosen mit Öl, Gemüsekonserven, französischer Käse, deutscher Wein, kalifornische Pfirsiche, japanisches Bier, englische Seife – alles in

Verpackungen, die mich an die aufwendigen Kästen für teure Silberbestecke erinnern.
Daneben, nicht minder verlockend: italienische Handtaschen, französische Schuhe, amerikanische Frottee-Handtücher, Schweizer Uhren, südafrikanische Diamanten und Meißen-Tassen, ›Made in GDR-DDR‹.
»Verzeihung«, wende ich mich etwas verwirrt an Frau Nakano, »Sie haben mir die zwei ›Weihnachten‹ noch nicht erklärt, und jetzt haben wir ja etwas Zeit . . .«
»Weihnachten«, antwortet sie, »kennen wir eigentlich erst, seit die Amerikaner nach dem Zweiten Weltkrieg kamen. Auch wenn wir in der Mehrzahl keine Christen sind, schenken wir uns inzwischen auch etwas zu Weihnachten, besonders wenn kleinere Kinder in der Familie sind. Eigentlich sind all die Feiertage, die Sie im Westen mit Geschenken feiern, in Japan erst relativ neu: Geburtstag, Muttertag, Vatertag, Valentinstag usw. Sie wurden hauptsächlich von den Geschäften propagiert, um den Umsatz zu steigern. In Japan ist das Schenken und Beschenktwerden ein besonders wichtiger Teil des gesellschaftlichen Austauschs. Jede Familie empfängt oder übergibt mindestens einmal in der Woche ein Geschenk.«
Wir sind gerade einen Platz vorgerückt.
Frau Nakano fährt fort: »Zur Geburt gibt's Geschenke, beim ›Erwachsenwerden‹ – dem Tag der Volljährigkeit –, zur Hochzeit, Beerdigung und vor allem bei der Verabschiedung vor einer Reise oder bei der Rückkehr von einem Ausflug.
Außerdem wenn man krank oder gesund wird, und vor allen Dingen, wenn man einem Geschäftspartner, Nachbarn oder Freund gegenüber Verpflichtungen hat.
Geschenke bestimmen das Leben in Japan aus dem Hintergrund«, sagt sie lachend, »wie die Rhythmusgruppe einer modernen Band den Takt der Musik. Doch zweimal im Jahr ist es, als ob ein wildgewordener Trommler ins

Rampenlicht rückt, zu einem verrückten Solo, das alle anderen Töne überlagert. Das ist zu den traditionellen Geschenkzeiten *o-chugen* und *o-seibo,* zur Jahresmitte und zum Jahresende.
Sie werden das Trommelfeuer der Werbung, die schon Wochen vorher einsetzt, sicher auch erlebt haben. Neulich habe ich mich wirklich amüsiert. Da sah ich im Fernsehen eine Dame, in ihren Festtagskimono gekleidet, durch eine stille Straße gehen. Bepackt mit französischem Wein, einem Karton erlesener Seife und einigen undefinierbaren Geschenkpaketen, die mit roten Schleifen verziert waren. Und wo immer sie bei den Nachbarn anklopfte, um ihre Gaben abzugeben, öffnete eine andere Dame im Kimono, um sie entgegenzunehmen. Als ob wir im heutigen Japan beschäftigungslos und im Kimono wartend in der Wohnung säßen.« Frau Nakano schmunzelt immer noch in Erinnerung an diese Szene.
Während wir in der Schlange einen weiteren Platz vorrücken, nestelt sie einen Zettel aus ihrer Handtasche, der an eine sehr lange, sehr ordentlich geschriebene Liste geheftet ist.
»Wissen Sie«, erklärt sie und studiert noch einmal ihre Notizen, »man kann es ja komisch finden, unser Geschenke-Ritual. Aber man kann sich ihm nicht entziehen. Die Sitte ist über tausend Jahre alt.
Früher hatten Geschenke eine religiöse Bedeutung: Essen und Getränke wurden den Göttern am Schrein geopfert, aber dann von den Gläubigen verzehrt. Sie hofften, dadurch ein paar göttliche Eigenschaften in sich aufzunehmen: langes Leben, Gesundheit, Nachsicht, Kraft usw.
Heute sind diese Ursprünge meist vergessen. Geblieben ist das Gefühl der Verpflichtung dem Beschenkten gegenüber. Und der fühlt sich wiederum zu einem Gegengeschenk verpflichtet.

Viele machen es wie ich und führen eine genaue Liste aller Geschenke, die sie im letzten Jahr bekommen haben. Denn mein Gegengeschenk darf auf keinen Fall unter dem Wert des im Vorjahr empfangenen liegen. Es muß mindestens gleich teuer oder eher noch ein wenig kostspieliger sein. Deshalb will ich mich jetzt hier beraten lassen, was in diesem Jahr ›in‹ ist und etwa dem mir Geschenkten entspricht.«
»Aber ist das nicht ein furchtbarer Zwang«, werfe ich ein, während wir nun zum drittenmal in der Schlange vorrükken, »wenn man immer den anderen übertrumpfen muß? Irgendwann kommt doch mal der Punkt, wo man nicht mehr mithalten kann, ohne sich zu übernehmen.«
»Da haben Sie recht«, antwortet Nakano-san, »aber zufällig fällt ja die Geschenke-Saison immer mit den sogenannten Bonus-Tagen zusammen, in denen jeder Japaner zur Jahresmitte und am Jahresende seine Prämie von mindestens einem zusätzlichen Gehalt bekommt. Man hat also gerade zu den Geschenkzeiten mehr Geld als sonst zur Verfügung, wird das meiste aber für eben diese Geschenkverpflichtungen auch gleich wieder los.«
Ich bin erstaunt über Frau Nakanos Offenheit. Sie spricht – obwohl sie Japan noch nie verlassen hat – ein außergewöhnlich gutes Englisch. Und wohl nur so ist es zu erklären, daß sie über Nippons Sitten so freimütig Auskunft gibt. Sie ist sich ziemlich sicher, daß keine der umstehenden Kundinnen ihre Enthüllungen verstehen kann.
Ermutigt von ihren offenen Antworten, bohre ich weiter. Die Gelegenheit wird selten wiederkommen. »Wie viele Leute müssen Sie denn bei diesen Geschenk-Olympiaden bedenken?« frage ich.
Sie zögert keine Sekunde mit der Antwort: »Das einzig Positive ist, daß man Familien beschenkt, nicht einzelne Personen. Aber der Kreis der zu Beschenkenden kann

unendlich groß sein. Das hängt von den Verpflichtungen ab, die man hat. An erster Stelle stehen die Verwandten. Dann kommen die Vorgesetzten am Arbeitsplatz, der Heiratsvermittler, der unsere Ehe zustande gebracht hat und dem wir also ein Leben lang verpflichtet sind, sowie der Hausarzt, die Lehrer und Nachhilfelehrer unserer Kinder. Schließlich die ganze Nachbarschaft – aber die kann man so weit fassen, wie man will.

Was man schenkt und was gerade ›in‹ ist, wird jedes Jahr vom Erfolg der besten Werbung diktiert. Einmal ist es ein Tee-Sortiment. Wir haben zum Beispiel aus dem letzten Jahr noch einen Vorrat, der fast bis an unser Lebensende reichen dürfte. Ein andermal ist es Speiseöl, Seetang oder Orangensaft. Lebensmittel sind unter ›Normalbürgern‹ noch immer die gängigsten Geschenke. Doch neuerdings werden sogar Gutscheine für einen Hausputz verschenkt, die berufstätigen Frauen lieber sind als Speiseöl oder Saft. Nur Neureiche oder Millionäre verschenken bei diesen Gelegenheiten Krokodillederhandtaschen, vergoldete Schwerter oder Platinarmbanduhren.

Das wichtigste ist, daß man dem Geschenk schon von der Verpackung her ansieht, daß es nicht billig war. Deshalb gehen wir in die renommierten Kaufhäuser, wo die Präsente, im bekannten Firmenpapier verpackt, von Firmenwagen zur angegebenen Zeit ausgeliefert werden. Dann nämlich, wenn der Empfänger auch wirklich zu Hause ist und sie entgegennehmen kann.

Dieser Service ist nicht billig, aber er zahlt sich aus. Hauptsache, alles, was mit dem Geschenk verbunden ist, sieht nicht nach Zufall oder Nebensache aus, sondern scheint durchdacht und geplant zu sein. Das ist noch viel wichtiger als der Inhalt des Pakets.«

Frau Nakano ist am Tisch angekommen, setzt sich auf den Stuhl vor den Berater und breitet ihre Listen aus.

Jetzt, denke ich, ist es wohl an der Zeit, daß ich mich ein

wenig zurückziehe. Wir verabreden, uns nach einer Stunde in der Kimono-Abteilung wieder zu treffen.

Wo der Kaiser seine Hemden bestellt

Schon im Erdgeschoß fällt mir auf: Kein Kunde hastet durch das Haus. Jeder scheint unendlich viel Zeit zu haben. Dies ist ganz offensichtlich nicht der Ort, wo man sich eben mal schnell eine Bluse aus dem Stapel der Sonderangebote fischt oder rasch ein paar Zutaten fürs Mittagessen einkauft.

Ich schlendere wie auf einer internationalen Einkaufsstraße an Läden im Laden vorbei. Zwischen gewaltigen Marmorsäulen verbreiten bekannte Nobelmarken Weltoffenheit und Snob-Appeal:

Dunhill – wo goldene Feuerzeuge auf rotem Samt das Doppelte kosten wie im Duty-free-Shop.

Harrods – wo erlesene Tweedstoffe und Original Shetland-Pullover, sparsam neben McIntosh's Toffees dekoriert, Liebhaber des britischen Understatement locken.

Tiffany – wo in dicken Kristall-Schaukästen mal ein einzelner Solitär, mal ein hochkarätiges Collier ausgestellt ist.

Kaufhäuser sind in Japan die Spitze der Einzelhandelspyramide. Es gibt kaum Boutiquen, Spezialgeschäfte oder Fachhandlungen, die die *depatos* – die Kaufhäuser – an Exklusivität und Vielfalt des internationalen Angebots – und in den Preisen – übertreffen.

Was aber, so frage ich mich auch jetzt wieder, unterscheidet die Kaufpaläste an Tokios Ginza, Mitsukoshi, Takashimaya und Matsuzakaya von Bloomingdale's an New York's 5th Avenue, von Printemps in Paris oder vom Kaufhof in Köln?

Zunächst einmal – und das ausgerechnet in Tokio – fehlt

jede Spur von Masse. Hier schieben sich keine Menschenknäuel über die hochglanzpolierten Marmorböden, sondern die Kunden flanieren in Ruhe an den Läden, Theken und Regalen vorbei, in denen Massenware fehlt. Das sonst so kaufhaustypische Nebeneinander von Ramschtischen – von Stoffen, Seifen, von Bergen Talmi-Schmuck –, das zum schnellen Zugriff, zum unüberlegten Kauf verführen soll, gibt es hier nicht.

Kein großes Plakat preist irgendeinen Sonderverkauf an, kein überdimensionales Preisschild verweist auf ein Schnäppchen.

Wohlgeordnet lagert die Ware in den Regalen. Verloren fast auf der langen Theke liegt ein Einzelstück zum Anfassen und Anprobieren. Wohlerzogen, artig und meist schweigend warten die Verkäuferinnen in der Firmenuniform darauf, daß der Kunde die Initiative ergreift. Ein eben noch hörbares »Wollen Sie nicht näher treten?« wird allenfalls von landesunkundigen Ausländern als Aufforderung zum Kauf verstanden.

Doch näher treten muß man schon, um die winzigen Preisschildchen neben der Ware entziffern zu können. Die Frage »Was kostet das?« gilt in diesen hehren Hallen als verpönt. Sie würde unweigerlich dazu führen, daß die Bedienung vor Schreck einen roten Kopf bekommt, dann sämtliche Vorzüge des außergewöhnlichen Stückes hervorhebt, ehe sie schließlich doch den Preis nennt.

Wer in eines der großen Kaufhäuser geht, *hat* Geld und weiß, daß Luxus teuer ist.

Koffer und Taschen von Louis Vuitton, Céline, Gucci und Goldpfeil. Ich sehe kein namenloses Täschchen, keine Hausmarke.

Hinter der Kofferabteilung stehe ich plötzlich in einem riesigen Lichthof. Einsam ragt auf einem glitzernden Sokkel ein elf Meter hohes Kunstwerk: eine buntschimmernde Statue, aus uraltem Zypressenholz geschnitzt. Es

ist ›Magokoro‹, so lese ich auf einer Tafel, ›die Göttin der Ehrlichkeit und der Aufrichtigkeit‹, die da aus einer rotgoldblauen Wolke, von einem Phönix begleitet, in die Niederungen dieses Konsum-Tempels schwebt.
Weshalb – so geht es mir durch den Kopf – wird auf Japans teuerster Meile, der Ginza, auf viele hundert Quadratmeter umsatzfördernder Verkaufsfläche verzichtet? Weil der Eindruck wichtiger ist, die erhabene Weite und die entrückte Atmosphäre eines Tempels vorzutäuschen, als Verkauf und Gewinn den Vorrang zu geben?
In dieses jede niedere Profitgier leugnende Image paßt es durchaus, daß einige der bedeutendsten Kunstausstellungen Tokios nicht in Museen, sondern in den Kaufhäusern an der Ginza stattfinden. Sie haben alle eine der oberen Etagen für ständig wechselnde Ausstellungen reserviert: die Kunst der Inkas, die Meister der europäischen Romantik, die Schwert-Schmiede des japanischen Mittelalters oder eine Max-Ernst-Ausstellung. All das ist im siebten oder achten Stock eines Kaufhauses zu besichtigen.
Und manchmal wird auch ein selten gezeigtes Kabuki-Stück aufgeführt, ein Shakespeare-Drama oder eine moderne europäische Komödie, denn eines der *depatos* hat auch ein Theater mit fast 600 Sitzplätzen.
Selbst Liebhabern handfester exotischer Genüsse bieten Japans Kaufhäuser Besonderes: Statt der bei uns üblichen, oft kantinenähnlichen Cafeteria gibt es hier entweder in einer speziellen Restaurant-Etage oder übers ganze Haus verteilt bis zu zwei Dutzend Spezialitäten-Restaurants: Da kann man in einem französischen Bistro speisen oder in der italienischen Trattoria gleich nebenan. Man kann im deutschen Lokal ›Eisbein mit Sauerkraut‹ haben oder im koreanischen ›Bulgogi mit viel Kimchi‹ bestellen. ›Peking Ente‹ ist beim Chinesen vorrätig sowie jede japanische Spezialität in einem Dutzend einheimischer Lokale.
In den Sommermonaten lädt ein großer Biergarten auf

dem Dach zur Verschnaufpause ein. Daneben vergnügen sich die lieben Kleinen auf einem Minirummelplatz mit Karussells und Achterbahn. Und im Hintergrund rauscht über täuschend echte Plastikfelsen ein raffiniert beleuchteter künstlicher Wasserfall, der gnädig den Blick auf die Betonwand des Nachbarhauses verdeckt.
Die naheliegende Frage, ob Japans Kaufhaus-Manager mit echtem Kunst-Mäzenatentum und gekünstelter Jahrmarktsatmospähre nicht nur Kunden in ihre Verkaufsetagen locken wollten, wurde unlängst im Fernsehen gestellt.
Der Präsident eines der altehrwürdigen Unternehmen antwortete daraufhin: »Wir wollen unseren Kunden nicht nur Waren aus aller Welt bieten, wir möchten sie auch mit fremden Kulturen und unserer eigenen Geschichte vertraut machen.
Wir sind bestrebt, unsere Kunden zu erfreuen und rundherum zufriedenzustellen. Wir wollen ihnen das Gefühl geben, beim Betreten unseres Hauses an etwas Besonderem und Außergewöhnlichem teilzuhaben. Daß Menschen, die sich in gehobener Stimmung befinden, auch eher bereit sind, etwas zu kaufen, das ist eine andere Sache.«
Von der ›anderen Sache‹ leben sie, denke ich, als ich nun auf der Rolltreppe ins Tiefparterre fahre. ›Dalloyan Paris 1802‹, so steht es auf einer Tafel in Holz geschnitzt. Hier liegen handgemachte Pralinen auf weißen Spitzendeckchen zu Spitzenpreisen.
In der Metzgerei aus Wermelskirchen kann man seine Gelüste auf deutsche Leberwurst zum dreifachen Preis wie daheim befriedigen.
Die japanischen Schlachter bieten ihr Fleisch in Miniportionen an: 25 bis 30 Mark kosten umgerechnet 100 Gramm Rinderfilet. Man kann es auch noch teurer haben. Für besonders verwöhnte Kunden laufen in Japan

Mit Frau Blumeninsel und den Töchtern Rinako und Lizako im Orchideen-Treibhaus.

Man sieht lieber vorher, was man ißt. Plastikessen im Restaurantfenster.

Lebensmittelabteilung in einem Supermarkt. Überall darf man probieren, ehe man kauft.

Schrein des Wassergottes am Senzoku-See vor unserem Haus.

Mihashi, die rotlackierte heilige Brücke über den Daiya-Fluß in der Tempel- und Schreine-Stadt Nikko.

Mizuho, die Braut, wird zum Traualtar im Shinto-Schrein der ›Hochzeits-Fabrik‹ geleitet.

Tamahimeden – der ›Juwelen-Prinzessin-Palast‹. Hochzeiten am Fließband.

»Wir danken den ehrenwerten Kunden für ihren Einkauf.« Verkäuferinnen verbeugen sich kurz vor Ladenschluß.

»Ein Hauch von Luxus . . .« Eine halbe Etage teuerster Kimonos.

Die Ginza, Tokios ›Königsallee‹, sonntags wird die Einkaufsstraße zum Fußgängerparadies.

Wohnraum ist knapp und teuer. Auch unter der S-Bahn läßt sich leben.

»Spätestens hinter den Büschen des Yoyogi-Parks wechseln sie die Kleidung, legen grelle Schminke auf, stylen und färben die Frisur.«

Tokio-Geisha im Festtagskimono.

»Fragen Sie ruhig, wenn Sie mein Beruf interessiert« ermuntert mich die Geisha ›Perlenzweig‹.

auch besonders verwöhnte Rinder herum. Sie werden mit Bier gemästet und täglich massiert.
Neben Kühltheken voller dunkelrotem Thunfisch, Lachs und Kaviar schwimmen in großen und kleinen Wasserbecken Hummer, Langusten und Austern.
Ein exotischer Geruch weht mir in der ›Marktstraße‹ neben Fässern von sauer eingelegtem Gemüse, schwarzgrünen Algen und getrocknetem Fisch entgegen.
Ein paar Schritte weiter sind Obst und Gemüse zu Blüten, Kreisen und Pyramiden geformt. Ein Apfel kostet umgerechnet vier Mark, ein größerer in Geschenkpackung sogar zehn. Honigmelonen werden zum Stückpreis von 50 DM angeboten. Obst ist teuer, Fisch ist teuer, Fleisch ist teuer. Was ist schon billig in Tokio?
Als ich in den Aufzug steige, verbeugt sich eine junge, hübsche Fahrstuhlführerin mit Filzhütchen, adretter Uniform und weißen Handschuhen vor der verehrten Kundschaft. Auf jedem Stockwerk flötet sie mit hoher Stimme: »Wir bedanken uns von Herzen, daß Sie uns die Ehre gegeben haben, sich zu uns zu begeben. Einen kleinen Moment Geduld bitte noch bis zum sechsten Stock.«
Vor mir Haute Couture aus der ganzen Welt. Meine Füße versinken in dunklem Plüsch – vor Valentino's eigener Glas-Boutique. Daneben, dezent angestrahlt, stehen in einem Pavillon von Pierre Cardin langbeinige blonde Schaufensterpuppen in den neuesten Abendroben. Links an der Wand ein Abendtäschen aus dem gleichen Stoff, darunter die passenden Abendsandaletten.
Kostüme von Yves Saint-Laurent und etwas weiter geradeaus die ›Ladenstraße‹ entlang, unter schwarzem Samt-Baldachin, Christian Diors neueste Herbstmodelle.
Ein Hauch von Luxus weht durch das ganze Haus. Mitglieder des japanischen Kaiserhauses zählen zu den verwöhnten Kunden, der Tenno selbst ließ sich hier seine Hemden schneidern.

Schon von der Rolltreppe aus, die mich in den vierten Stock hinunterbringt, sehe ich Frau Nakano bei den Kimonos stehen. Sie ist mit Tüten und Paketen in den Farben des Hauses bepackt. »Ich habe fast alle Einkäufe erledigt«, empfängt sie mich, »nur noch ein paar Kleinigkeiten . . .«

Ich bin fasziniert von den Ausmaßen der Kimono-Abteilung. Mehr als eine halbe Etage füllen die farbenprächtigen japanischen Trachten. Manche, wie mir scheint, besonders kostbare Gewänder sind in riesigen Glasvitrinen entlang der Wand dekoriert, andere auf Puppen, die – das sehe ich zum ersten Mal in diesem Haus – Mandelaugen und schwarze Haare haben.

Ich kann meine Verwunderung nicht länger verbergen: »Daß noch so viele Kimonos angeboten werden, hätte ich nicht gedacht. So viele sieht man doch gar nicht auf der Straße.«

Frau Nakano lächelt verständnisvoll. »Na, Sie haben auch sicher die zweieinhalb Etagen voll westlicher Kleider gesehen. Daran merken Sie ja schon, daß diese von den modernen Frauen, im Alltag zumindest, bevorzugt werden.

Dennoch hat jede Japanerin bestimmt, wie auch ich, mindestens vier Kimonos. Bei besonderen Anlässen, zum Beispiel bei Schulfesten oder Entlassungsfeiern, aber auch bei einer Einladung zum Tee bei Nachbarn ist der Kimono noch heute die angemessene Kleidung. Und selbstverständlich verwahrt man seinen Hochzeitskimono und besitzt einen dunklen Trauerkimono für den Fall, daß von der Verwandtschaft jemand stirbt.«

Wir schlendern langsam an den ausgestellten Stücken vorbei. Immer wieder bleibe ich stehen, weil ich mich nicht sattsehen kann an der Farbenvielfalt und den Blumen- oder auch Landschaftsmotiven auf den Seidenstoffen. Hin und wieder bücke ich mich, um einen der dezent

angebrachten Preise zu entziffern. Bei 500,– DM fangen sie an.
»Aber das sind die ganz einfachen Alltagskimonos«, klärt mich Nakano-san auf. »Die besseren, die man zu Einladungen oder festlichen Anlässen anlegt, kosten schon zwischen zwei- und dreitausend Mark. Wenn Sie die Kimono-Kunst interessiert, müssen wir uns die Hochzeitsgewänder drüben in den Glasvitrinen anschauen.«
In jedem dieser Glasschränke hängt nur ein einziges Exemplar, auf einer langen Stange so drapiert, daß man jede Einzelheit des Musters erkennen kann. Sie sind wirklich traumhaft schön! Aus erlesener Seide, handbemalt und handbestickt. Allerdings sind sie auch traumhaft teuer. Zwischen 10 000,– und 20 000,– Mark kostet ein solcher Kimono.
»Und das«, erklärt Frau Nakano, als sie mein Erstaunen bemerkt, »natürlich ohne all die nötigen Unterkleider und ohne den *obi.*«
Der *obi* ist ein vier Meter langer, ca. 30 Zentimeter breiter Kimonogürtel aus schwerem Brokat, der wie eine Schärpe mehrfach um die Taille geschlungen und auf dem Rücken zu einer kissendicken Schleife gebunden wird.
»Wie lange dauert es eigentlich«, frage ich Frau Nakano, »bis man so ein Kunstwerk angelegt hat?«
»Na ja«, antwortet sie, »wenn man es täglich tut, wie die Geishas, hat man natürlich mehr Routine. Bei mir und bei den meisten Frauen, die den Kimono seltener tragen, dauert es oft eine gute Stunde. Und ganz allein kann man einen Kimono auch nicht anlegen, wenn er ganz perfekt sitzen soll. Schon wegen der *obi*-Schleife auf dem Rükken ist man auf Hilfe angewiesen. Ich und viele meiner Freundinnen gehen an den Tagen, an denen wir einen Kimono tragen wollen, ohnehin morgens zum Friseur, denn man braucht ja auch die passende Frisur: hochge-

steckte und mit einem wertvollen Schmuckkamm gehaltene Haare. Eine der Friseusen hilft uns danach beim Ankleiden.«

Wenn man den Aufwand bedenkt«, meine ich und blicke mich noch einmal in der riesigen Abteilung um, »ist es doch verwunderlich, daß noch so viele Kimonos in Kaufhäusern geführt werden.«

»Nun, verwunderlich eigentlich nicht«, klärt mich Nakano-san auf. »Die berühmtesten Kaufhäuser Japans sind aus 300 Jahre alten Kimonoläden oder Seidenhandlungen hervorgegangen. Daß sie heute keine Kimonos mehr verkaufen, kann man sich gar nicht vorstellen.«

Gerade wollen wir die Kimono-Abteilung verlassen, da kommen wir an einer langen Theke vorbei, auf der eine riesige Auswahl von *yukata* liegt, die baumwollenen Morgen-, Abend- und Hausmäntel, die wir schon von unserer Nacht im *ryokan* kennen.

Die wären die richtigen Geschenke für einige unserer Freunde in Deutschland, denke ich. Und ehe ich es mir recht überlege, wühle ich schon in dem umfangreichen Angebot. Die Vielfalt der Muster, blau auf weiß, blau auf gelb, weiß auf blau, Bambusranken, Quadrate und Ketten, ist unüberschaubar.

Was mir gefällt, ziehe ich aus der Plastikhülle und breite es vor mir aus. Zwei junge Verkäuferinnen bringen immer mehr *yukata* aus Regalen und Schubladen herbei, helfen bereitwillig bei der Suche nach der richtigen Größe, falten sofort, was ich beiseite lege, wieder zusammen und packen es in die Hüllen zurück.

Endlich habe ich ein sehr schönes Bambus-Muster entdeckt. Doch leider sind in der passenden Größe nur noch zwei *yukata* vorhanden. Sofort eilt eine der beiden Verkäuferinnen zum Lager, denn ich möchte ja gleich vier von dieser Sorte haben. Nach kurzer Zeit kommt sie mit den fehlenden Hauskimonos zurück.

Als nun eines der Mädchen mit meinem Geld zu der weit entfernten Kasse entschwindet, macht sich die andere daran, mit ungeheurer Sorgfalt und ebensoviel Geschick jeden einzelnen *yukata* kunstvoll als Geschenk zu verpakken. Mit zartem Seidenschleifchen – versteht sich.
Während ich ihr zusehe, fällt mir ein, was ein japanischer Bekannter neulich nach seiner Rückkehr aus Deutschland berichtete, und erzähle es Frau Nakano:
Der Mann war in der Spielwarenabteilung eines Hamburger Kaufhauses, um für seine Kinder Mitbringsel zu erstehen. »Da habe ich die Sachen, die auf der Theke standen, hochgenommen und mir angesehen, um das Richtige zu finden,« sagte er. »Plötzlich höre ich eine Verkäuferin rufen: ›So geht das aber nicht!‹
Als ich ihr erschrocken zwei Sachen über die Theke reichte und bat, sie mir als Geschenk einzupacken, bekam ich die belehrende Antwort: ›Aber doch nicht mehr zwei Minuten vor halb sieben! Da müssen Sie morgen wiederkommen!‹«
»Ja«, meint Frau Nakano, »mit Service sind wir Japaner wirklich verwöhnt. Die Parole ›Der Kunde ist König‹ wird wohl nirgends so ernst genommen wie hier. Das liegt vielleicht auch daran, daß bei uns der Konkurrenzkampf so hart ist, daß es sich kein Unternehmen leisten kann, auch nur einen einzigen Kunden zu verprellen. Seit Jahren«, sie deutet unauffällig zu dem Mädchen hinüber, das gerade meinen letzten *yukata* einpackt, »nehmen unsere großen Kaufhäuser nur noch Verkäuferinnen, die wenigstens Oberschulabschluß haben.
Ein Kaufhaus an der Ginza stellt sogar nur Mädchen mit Universitätsdiplom ein. Eine Verkäuferin dieses Hauses hat kürzlich den Judo-Olympiasieger geheiratet, und da hat ganz Japan erfahren, daß sie Absolventin der berühmten Waseda-Universität ist.«
In diesem Augenblick – wir haben uns keinen Schritt von

der *yukata*-Theke wegbewegt – kommt die Bedienung zurück, die an der Kasse meine Rechnung beglichen hat. Auf einer kleinen schwarzen Lackschale überreicht sie mir mein Wechselgeld, wie eine Kellnerin den Apéretif. Daneben liegt, schon in einen Umschlag gesteckt, die Rechnung.

Mit tiefen Verbeugungen bedanken sich die Verkäuferinnen für unseren Besuch, und eine der jungen Damen geleitet uns noch zum Aufzug, um hier den verehrten Kunden abermals für den Einkauf zu danken.

Schalmeienklänge um Mitternacht

Tokio ist nicht nur eine riesengroße, sondern auch eine immens laute Stadt. Zumindest tagsüber. Selbst nach mehreren Jahren habe ich mich nicht an den Geräuschpegel gewöhnen können. Dabei haben die Japaner in Sachen Umweltschutz in den letzten anderthalb Jahrzehnten auf vielen Gebieten Beachtliches erreicht: Tokios Luft ist noch schmutzig von den vielen Industrieabgasen und der gewaltigen Verkehrslawine, die täglich durch die Straßen rollt, aber giftig ist sie kaum noch. Strenge Gesetze haben Schornsteinfilter und Autokatalysatoren zur Vorschrift gemacht. Und ein striktes ›Verursacherprinzip‹ zwingt diejenigen, die Gift in die Umwelt leiten, auch für die Schäden zu haften, die dadurch auftreten.
Die Szene der 60er Jahre, als Menschen an besonderen Ozon-Tankstellen in der Innenstadt Sauerstoff tanken mußten, um auf den Beinen zu bleiben, gehören der Vergangenheit an. Selbst die total verschlammten und biologisch toten Flüsse, die das Stadtgebiet durchziehen, sollen wieder sauber geworden sein. Man will darin sogar wieder Fische entdeckt haben.
Nur eins scheinen die Japaner nicht als Umweltbelastung zu empfinden: den Lärm, den sie selber verursachen. Mir kommt es manchmal so vor, als könnten sie ihre Ohren auf Durchzug schalten . . .
Da ist nicht allein das Gebrüll der 500 Watt starken Lautsprecherwagen, mit denen Rechts- und Linksradi-

kale den Verkehrslärm der Innenstadt-Kreuzungen übertönen. Das war es nur, was mir gleich an meinen ersten Tagen in Japan aufgefallen war. Jetzt weiß ich, auch in den Wohn- und Kleingewerbegebieten abseits der Hauptstraßen gehören die unterschiedlichsten Geräusche zu meinem Alltag: das Poltern aufeinandergeworfener Holzlatten in einer kleinen Schreinerei, das schrille Kreischen der Eisensäge aus einem weiter entfernten Installationsbetrieb, das Rumpeln schwerer Betonmischtransporter bei der nahen Zementfabrik und das hohe Piepsen elektronischer Hupen, wenn die Lkws im Frachthof des Supermarkts rückwärtsfahren.
In diese Kakophonie mischen sich ab und zu laute Männerstimmen: Wenn der Altpapierhändler in seinem Lieferwagen langsam um den Block rollt und Bündel ausgelesener Zeitungen und Comic-Hefte gegen eine Rolle Toilettenpapier oder ein Päckchen Papiertaschentücher eintauscht. Oder die klangvollen Anpreisungen des Bambusrohr-Verkäufers vom Lande.
In den Wintermonaten mischt sich in all diese Geräusche der melodische Singsang des Süßkartoffel-Händlers: *»Yaaaakiimo – yakiimoo!«* Auf der Ladefläche seines Kleinlasters bullert in einem Eisenofen ein Holzfeuer, in dem die langen roten Kartoffel geröstet werden. Sie sind in der kälteren Jahreszeit eine beliebte Zwischenmahlzeit für die Japaner.
Gemeinsam ist all den fliegenden Händlern, daß sie nicht mehr allein mit der Kraft ihrer Stimmen gegen die Geräuschkulisse der Umgebung ankämpfen. Ihre Verkaufsslogans, ihre Werbesprüche, ihr Singsang kommen vom Tonband, erreichen nur elektronisch verstärkt noch die Kundschaft.
Das Wunder von Tokio geschieht abends zwischen sechs und sieben. Dann klingen in den Wohnvierteln die Geräusche ab, wird es schließlich so still, daß die über-

strapazierten Gehörnerven plötzlich das Miauen der Katze vom Nachbargrundstück schon als ›ruhestörenden Lärm‹ registrieren.

Der Herr Herumgeher

Tokio kommt früh zur Ruhe. Abends um acht sind die Straßen der japanischen Hauptstadt so ausgestorben und still wie in einem abgelegenen Dorf auf der Schwäbischen Alb. Nur in den Vergnügungs- und Kneipenvierteln von Roppongi, Shinjuku oder Akasaka herrscht noch Leben. Dort aber, wo die Menschenmassen wohnen, die tagsüber die Stadt wie ein gigantisches Ameisenheer bevölkern, scheint die Nacht allein zum Schlafen da zu sein. Dann erst, wenn wir auf unseren späten Spaziergängen um den Block als einzigem Menschen einem einsamen Polizisten auf einem weißen Fahrrad begegnen, wird uns wieder bewußt, daß wir nicht nur in der hektischsten und lautesten Großstadt der Welt leben, sondern auch in der sichersten.
Bis heute hat Tokio den Ruf bewahren können, die kriminalitätsärmste Metropole der Erde zu sein. Gerade weil hier anderthalbmal so viele Menschen leben wie in den beiden Weltstädten, mit denen sie am häufigsten verglichen wird, schmeichelt die Kriminalstatistik der japanischen Hauptstadt um so mehr.
In Tokio geschehen viermal weniger Morde als in London, zwölfmal weniger als in New York. Raubüberfälle ereignen sich in Tokio 34mal weniger als in London und 270mal weniger als in New York.
Handbücher für Tokio-Neulinge prahlen also nicht ohne Grund damit, daß Frauen und sogar kleine Kinder sich in der Riesenstadt – selbst nachts! – ohne Gefahr auf den Straßen und U-Bahnhöfen bewegen können.

Ich muß zugeben, nirgendwo habe ich so wenig Angst vor dunklen Gestalten wie hier. Schon nach wenigen Wochen schienen mir die Straßen um unser Haus so sicher, daß ich ohne Bedenken allein meinen Abendspaziergang machte, wenn Gerd auf Dienstreisen war.
Wann immer über die sicherste Stadt der Welt gesprochen wird, landet das Gespräch unweigerlich beim *koban.* Der *koban* ist eine winzige – oft nur 6–8 Quadratmeter große – ›Polizei-Stube‹, die es über 1300mal in Tokio gibt. Diesem dichtgewebten Netz von Stützpunkten der ›Nachbarschaftspolizisten‹ sei vor allem die niedrige Kriminalitätsrate zu verdanken, heißt es.
Wir haben schon wenige Tage nach dem Einzug in ›unser Haus auf dem Parkplatz‹ in unserem *koban* einen Antrittsbesuch abgestattet. Die *omawari-san,* die ›Herren Herumgeher‹, wie die Streifenbeamten des *koban* in wörtlicher Übersetzung heißen – müssen schließlich jeden kennen, der in ihrem Revier wohnt. So haben uns Nachbarn gesagt.
Also marschieren wir eines Abends mit einem kleinen Geschenk – einer Schachtel Likörpralinen aus unserem Umzugsgepäck – zum sieben Gehminuten entfernten *koban,* um uns vorzustellen.

Die beiden Beamten, die in der Tür des winzigen Raums unter einer roten Lampe und dem kaiserlichen Chrysanthemen-Wappen stehen, empfangen uns äußerst freundlich und zuvorkommend. Fast habe ich den Eindruck, sie wissen schon alles über uns, aber das lassen sie sich nicht anmerken.
Penibel nehmen sie unsere Visitenkarte entgegen und tragen alle Daten über Familienstand, Zahl der Haushaltsmitglieder, Gerds Arbeitgeber und Beschäftigungsort und viele weitere Details in ein großes Buch ein. Dann – fast beschämt – bedanken sie sich wieder und wieder für die

mitgebrachten Pralinen und bitten uns noch, ihnen vor jeder Urlaubsreise doch Bescheid zu geben. Sie würden dann auf das leere Haus besonders gut aufpassen, damit während unserer Abwesenheit nicht eingebrochen werde.

Soviel wie nun über uns wissen die *omawari-san* über jede Familie in ihrem Revier, das im Schnitt 300–400 Haushalte umfaßt. Zweimal im Jahr – das ist die Regel – schauen die ›Nachbarschaftspolizisten‹ in jedem Haus nach dem Rechten. Dann sehe ich, wie sie ihr weißes Dienstfahrrad an die Hauswand lehnen, sich die weißen Handschuhe ausziehen und – meistens mit der Hausfrau – ein kleines Schwätzchen halten.

Dabei geht es zunächst um Familienangelegenheiten: Wie sich die Kinder in der Schule machen, daß der älteste Sohn jetzt eine Stelle bei einem der großen Konzerne gefunden hat, daß der Ehemann in der Firma befördert worden ist, deshalb aber neuerdings viel auf Reisen . . .

Ist das Familienleben derart ›neu geordnet‹ und mit ein paar Notizen im Protokollbuch des Beamten festgehalten, kommt das Gespräch unweigerlich auf die Nachbarschaft. Die 18jährige Tochter der Takaharas schräg gegenüber, erzählt Frau Saito dann vielleicht, komme neuerdings abends immer sehr spät nach Hause. Und immer mit anderen jüngeren Männern. Die verabschieden sich, soweit sie beobachten konnte, zwar alle vor der Haustür, aber irgendwie komisch sei das doch, oder?

Ach ja, und dann sei da noch die Sache mit dem 23jährigen aus dem Haus unten an der Straßenecke. Der wäre früher schon aufgefallen, wenn er abends mit seinem schweren Motorrad so laut röhrend durch die Straße gebraust sei. Neuerdings sei das Röhren aber den ganzen Tag über zu hören. Ob der junge Mann jetzt wohl arbeitslos sei?

Der ›Herr Herumgeher‹ macht sich auch dazu ein paar

Der ›Herr Herumgeher‹ – Tokioter Polizist auf Streifengang.

Notizen in sein Buch und verabschiedet sich nach einem halbstündigen Plausch sehr höflich von der Hausfrau. In ein paar Monaten werde er wieder einmal vorbeischauen und dann vielleicht auch die Antworten zu den von Frau Saito aufgeworfenen Problemen haben.

Kein Mensch käme in Japan auf den Gedanken, in solchen Informationen für die Ordnungshüter etwa eine Art Denunziantentum zu sehen. Das Verhältnis der Bürger zur Polizei – ganz besonders zu den ihnen persönlich bekannten Beamten ›ihres‹ *koban* – ist eng und freundschaftlich. Schließlich haben beide ein gemeinsames Interesse: Ruhe, Ordnung und Sicherheit in ihrem Viertel. Und wenn das strapazierte Bild vom ›Freund und Helfer‹ irgendwo zutrifft, dann bestimmt auf die *omawari-san* von der ›Nachbarschaftswache‹.

Rund um die Uhr, 24 Stunden lang, ist der kleine *koban* von 4–10 Beamten, die im Schichtdienst arbeiten, besetzt. Ein Waschbecken und eine Schlafkoje in einem winzigen Verschlag gehören ebenso zur Ausstattung wie eine Herdplatte, auf der Essen gewärmt werden kann und immer ein Teekessel steht.

Vierzig Prozent aller Tokioter Polizisten, 16 000 Beamte, arbeiten von einem *koban* aus. Für alle Dienstanfänger ist diese ›Wachstube‹ die erste Station nach dem Abgang von der Polizeischule, und viele bleiben ihr Leben lang *omawari-san.* Was nicht bedeutet, daß Japans Polizisten ein schlechtes Leben haben. Sie gehören zu den bestbezahlten Staatsdienern. Der Andrang zur Polizei ist so groß, daß man es sich seit Jahrzehnten erlauben kann, nur junge Leute mit Oberschulabschluß einzustellen. Neuerdings werden sogar Universitätsabsolventen bevorzugt.

Zwar sind Japans Polizisten bewaffnet, aber höchst selten erfährt man, daß einer von der Pistole Gebrauch machen mußte. Ihr ›Handwerkszeug‹ ist ein knapp ein Meter

langer Schlagstock, aber auch den setzen sie höchstens bei gewalttätigen Demonstrationen ein. Alle aber sind hervorragende Judokämpfer, auch wenn sie diese Ausbildung im *koban*-Alltag nur selten verwerten können.
»Die beste Waffe der *omawari-san«,* so formulierte es jüngst ein hoher Polizeioffizier, »ist ihr stets zur Schau getragenes Lächeln, ihre Freundlichkeit und Hilfsbereitschaft, die längst das herrische Gesicht einer uniformierten Autoritätsperson, wie sie auch Japan in früheren Epochen kannte, abgelöst haben.«
Sicher ist: In ihrem *koban* sind die Beamten so eine Art Mädchen für alles, deren wichtigste Arbeitsdevise lautet, den guten Kontakt zu den Bürgern in ihrem Revier auf jeden Fall aufrechtzuerhalten.
Da erscheint der sechsjährige Hiroo und liefert eine herrenlose Katze ab, da erkundigt sich ein ortsfremder Lkw-Fahrer nach einer Adresse und erhält bereitwillig Auskunft. Da kommt heulend die 14jährige Michiko, die auf dem Heimweg von der Schule ihr Portemonnaie verloren hat, und erhält aus einer eigens dafür eingerichteten Kasse das Geld für eine U-Bahn-Karte für die Heimfahrt. Oder: Da radelt der ›Herr Herumgehr‹ in tiefer Nacht – alarmiert durch den *koban*-Anruf einer Nachbarin – zu einem Haus, in dem sich lautstark ein Ehepaar streitet. Der Beamte versucht, den Familienkrach zu schlichten, und wenn er Erfolg hat, können sich die Streithähne darauf verlassen, daß nichts von ihren Eheproblemen über den *koban* hinaus nach außen dringen wird.
Es ist vor allem dieses vertrauensvolle Zusammenspiel zwischen gesetzestreuen Bürgern und den Gesetzeshütern, das Tokio so sicher macht – und die Polizei so allwissend. Hauptsächlich ist das auch der Grund dafür, daß die Aufklärungsrate bei Schwerverbrechen in Japan konstant zwischen 90 und 97 Prozent liegt. Ein Weltrekord!

Melodie in der Nacht

Wir sind ›Nachteulen‹, dafür aber auch – wenn es irgend geht – Spätaufsteher. Fallen wir nach unserem Abendspaziergang endlich um Mitternacht müde ins Bett, erklingt von draußen eine eigenartig fremde Melodie.
Als ich sie zum erstenmal höre, fühle ich mich nach Schottland versetzt und wecke Gerd mitten in der Nacht auf, damit er das sanfte Flötenspiel auch einmal hört. Es ist ein Klang wie aus der Pfeife eines Dudelsacks. Die Musik wird manchmal lauter, scheint ganz nahe und entfernt sich dann wieder, bis sie schließlich nur noch schwach zu hören ist und langsam verklingt. Nacht für Nacht immer die gleiche Melodie. Und Nacht für Nacht rätseln wir wieder: Wer könnte das sein?
»Die Feuerwehr«, meint Gerd. »Mit der japanischen Variante: ›Löscht das Feuer, löscht das Licht, daß in der Stadt kein Brand ausbricht . . .‹«
»Es klingt wie der Rattenfänger von Hameln«, findet Marcel.
An einem der heißen Augustabende beschließen wir, der Sache auf den Grund zu gehen. Kurz nach Mitternacht verlassen wir das Haus. Marcel auf dem Fahrrad. Jeder wartet in einer anderen kleinen Seitenstraße auf das Auftauchen des musikalischen Phantoms. Doch ausgerechnet in dieser Nacht scheint es ›ewig‹ ruhig zu bleiben. Marcel strampelt auf seinem Rad in immer größeren Kurven um den Block. Plötzlich hallt – drei Straßen weit – sein Ruf durch die Stille: »Kommt schnell, ich habe ihn!«
Im selben Augenblick ertönt der vertraute Klang. Wir rennen in die Richtung, aus der das Flötenspiel zu hören ist, das jetzt, als wir näher kommen, auch schon wieder verstummt.
Endlich wissen wir, warum. Vor uns steht ein kleines rotlackiertes Holzhäuschen auf zwei Rädern. Unter sei-

nem spitzen Dach schimmert durch eine Milchglasscheibe das schwache Licht einer Petroleumlampe. Hinter der winzigen rollenden Garküche steht er – mit weißer Schürze und rührt in einem dampfenden Kochtopf: der Nudelmann!

Eben bedient er einen späten Kunden. Wenn er arbeitet, kann er nicht flöten.

Noch zwei weitere Männer schlurfen in Hausschuhen aus den umliegenden Häusern, sie haben Schüsseln in der Hand. Sie nehmen die heiße Nudelsuppe mit in ihre Wohnungen.

Ramen, so fällt mir jetzt ein, die dünnen chinesischen Weizennudeln, sind in Japan, besonders nach langen Zechtouren, ein beliebtes Zwischengericht. Deshalb wohl ein gutes Geschäft in tiefer Nacht!

Ich habe sie bisher noch nie probiert. Mutig baue ich mich also vor dem Küchenwagen auf und bestelle eine Portion *ramen.*

Der Nudelmann schaut mich ein wenig verwundert an: ein *gaijin* – ein Ausländer – kauft *ramen* mitten in der Nacht? Das scheint auch für ihn ein neues Erlebnis zu sein.

Zuerst überbrüht er eine Handvoll der feinen chinesischen Nudeln mit heißem Wasser und gibt sie in eine Schüssel. Aus einem zweiten Topf, der auf der Herdplatte steht, schöpft er klare Suppe und gießt sie darüber. Fragend blickt er mich nun an. Zeigt mir, bevor er sie in der Suppe verrührt, alle weiteren Gewürze und Zutaten. Sojakeime kommen hinein und Seetang, Bambussprößlinge und jede Menge undefinierbarer Kräuter. Zum Abschluß noch obendrauf ein paar Eischeiben als Dekoration.

Nun reicht er mir die Schüssel mit einem Porzellanlöffel und wendet den Blick nicht von meinem Gesicht, als ich die heiße Mahlzeit vorsichtig schlürfe.

»*Oishii desu* – schmeckt sehr lecker«, sage ich dann, und ein Lächeln der Befriedigung ist seine Antwort. Ich habe nicht gelogen: Es ist ein einfaches, aber sehr wohlschmeckendes, exotisch gewürztes Gericht.

Schon lange hätten wir sein Flötenspiel des Nachts gehört, erzähle ich ihm, doch heute erst hätte uns die Neugier hierhergetrieben. Ob er mit seinem fahrbaren *ramen*-Laden selbständig sei, will ich wissen.

Er druckst etwas verlegen herum. »Nein«, sagt er dann, er sei bei einem kleinen Nudelrestaurant angestellt. Für den mache er nur Nachtschicht. Von 8 Uhr abends bis 3 Uhr früh ziehe er mit dem Nudelkarren herum.

Und das, denke ich, bei einem Preis von 5 Mark pro Nudelgericht! Was da wohl als Lohn fürs Karreziehen, Kochen und Flötespielen übrigbleibt?

Nachdem ich bezahlt habe, nimmt der Nudelmann seine Flöte aus einem Regal über den brodelnden Töpfen. Zwischen den Holmen seines Wägelchens macht er sich dann bereit zur Weiterfahrt.

Nun möchte ich doch noch wissen, was denn das für ein Instrument ist, dem er seine schöne Melodie entlockt.

»Charumera desu«, antwortet er.

»Charumera, charumera . . .«, sinniere ich, während die altbekannte Melodie wieder anhebt und der Nudelmann – die eine Hand am Holmen der Karre, mit der anderen die Flöte haltend, langsam um die nächste Straßenecke entschwindet.

»Chalumela«, wiederhole ich noch einmal und spreche das ›r‹ nun wie die Japaner immer deutlicher als ›l‹ – »chalumela«, das klingt ja wie das deutsche Wort ›Schalmei‹.

Hochzeit auf japanisch

Der 18. Mai ist unser Hochzeitstag. In diesem Jahr fällt er auf einen Samstag.
Es ist das erste Mal seit langem, daß Gerd frei hat. Wir haben schon Pläne gemacht: einen Ausflug zum Fuji, ein gemütliches Essen in einem uns mehrfach empfohlenen japanischen Restaurant. Und abends, auf der Heimfahrt wollen wir noch Freunde in Kamakura, der alten Hauptstadt am Meer, besuchen.
Hatte ich gedacht!
Ich weiß, daß Gerd schon seit Wochen eine Reportage über eine japanische Heiratszeremonie plant. Aber ebensolang waren alle Versuche seines Teams vergeblich, ein Brautpaar zu finden, das einwilligte, vor deutschen Fernsehkameras zu heiraten.
Am Mittwoch abend kommt er strahlend wie selten nach Hause: »Stell dir vor«, erzählt er freudig, »wir haben ein Brautpaar gefunden! Am Samstag ist die Hochzeit. Wir dürfen nicht nur drehen, wir sind auch eingeladen!«
»Am Samstag«, erwidere ich trocken, »ist unser Hochzeitstag!«
»Ach du lieber Gott, ja! Aber das macht nichts. Dann ändern wir eben das Programm. Ich präsentiere dir eine Hochzeit zum Hochzeitstag. Wie findest du das? Du kommst einfach mit – kein Problem.«
Ich bin so verdutzt, daß ich weder etwas ›finden‹ noch ›empfinden‹ kann.

So kommt es, daß wir an diesem Samstag statt zum Fuji 30 Kilometer in die entgegengesetzte Richtung fahren. 30 Kilometer, hatte Gerd auf der Karte ermittelt, sind es bis zu dem kleinen Ort gleich hinter der Stadtgrenze von Tokio in der Saitama Präfektur. Doch die Fahrt dauert eine gute Stunde. Wer will schon nicht raus aus Tokio an einem Samstagmorgen?
»Weißt du eigentlich genau, wo wir hinmüssen?« frage ich schlecht gelaunt, als die 30 Kilometer kein Ende nehmen wollen.
»Ja, zum *Tamahimeden* – zum Juwelenprinzessin-Palast«, antwortet Gerd fröhlich. »Das ist eine der größten ›Hochzeitsfabriken‹ hier in der Gegend. An den Tagen im Jahr, die der chinesisch-japanische Mondkalender als ›besonders glücklich‹ ausweist, wird dort geheiratet wie am Fließband.
Alle 40 Sekunden – sagt die wenig romantische Statistik – findet in Japan eine Hochzeit statt: 800 000 Paare werden jährlich getraut. Und fast immer kaufen die Brautpaare die ganze Zeremonie plus Festessen und anschließender Flitterwochenreise im Paket. Das macht, auf die Minute umgerechnet, 36 000,– Mark Umsatz. Kein Wunder, daß sich diese Hochzeitspaläste unter der Rubrik ›Heiratsindustrie‹ zusammengeschlossen haben.«
Trotz meiner ›Wut im Bauch‹ bin ich überrascht: Gerd hat sich wieder mal auf sein Thema gut vorbereitet!
Der *Tamahimeden* soll – wohl nicht ohne Absicht – mit seinen Rundbögen, Türmen, schwarzem Schieferdach und rotem Ziegelgestein an ein europäisches Schloßhotel erinnern.
Am Eingang der großen Halle weist ein ›Hochzeitsfahrplan‹ allein für diesen ›Glücks-Samstag‹ im Mai 20 Trauungen aus: Hochzeiten von der Stange.
Von allen Seiten strömen festlich gekleidete Gäste durch das Portal. Im riesigen Foyer des Hochzeitspalastes

suchen sie im Gewirr von sechs gleichzeitig stattfindenden Empfängen ihre Party. Die erste Hürde ist genommen, wenn man den Geschenktisch seines Paares gefunden hat. Er ist eher ein Inkasso-Schalter.
›Bares‹ im speziellen Geschenkumschlag zu überreichen ist nach dem Krieg mehr und mehr in Mode gekommen: Seit die Familien sich in ›Glanz und Gloria‹ zu überbieten versuchen – und die Kosten für eine perfekt arrangierte Feier ins Astronomische gestiegen sind.
Wie nahe man den Familien der Braut und des Bräutigams steht – ob man als entfernter Verwandter, als Jugendfreund des Paares oder als Arbeitskollege eingeladen ist – danach richtet sich die Höhe des Geldgeschenks. Zwischen 150 und 1000 Mark sind die Regel.
Damit sich die Brautleute nicht zu sehr in der Schuld ihrer Gäste fühlen, machen sie aufwendige Gegengeschenke. Oft geben sie dafür bis zur Hälfte der erhaltenen ›Bar-Spenden‹ wieder aus.
Auch Saso-san, der japanische Mitarbeiter des ARD-Studios, hat einen Geldumschlag vorbereitet. »Das wird mit 1000,– Mark die billigste Drehgenehmigung für eine komplette Reportage«, feixt Gerd.
Dafür muß Saso-san ›ARD-Studio Tokio‹ in Schönschrift auf die Geberliste – einen weißen Papierschirm – schreiben. Wir sind im wahrsten Sinne des Wortes zu Schirmherren des jungen Glücks geworden.

Hörner der Eifersucht

Als erste darf ich nun – wie gut, daß ich mitgefahren bin! – den Kontakt zur Hauptperson des Tages herstellen.
Ich werde ins Ankleidezimmer geführt. An der Tür steht ein Schild: Nur für Damen. Der Raum erinnert mich an einen

besseren Friseursalon. Vor den Spiegeln und Schminktischchen werden drei Bräute gleichzeitig ›präpariert‹. Fräulein Mizuho Kadoi, die in einer Stunde einen anderen Namen tragen wird, kann mir nur etwas gequält zulächeln, als ich ihr vorgestellt werde. Verbeugen kann sie sich nicht mehr, sonst würde die kunstvoll frisierte Perücke verrutschen, die man ihr eben aufgesetzt hat. Alles, von der Perücke mit den teuren Schildpattkämmen bis zu dem Hochzeitskimono aus weißer, mit Silberfäden bestickter Seide, ist vom Hochzeitspalast für drei Stunden geliehen.
1986 haben sich schon über 90 Prozent der Bräute ihre Heiratsgewänder geliehen, weil sie es sich nicht leisten konnten, die Kleidung für die einmalige Gelegenheit selbst anzuschaffen. Ein Hochzeitskimono – das habe ich schon im Kaufhaus festgestellt, kostet gut und gerne 20 000,– Mark. Von den übrigen notwendigen Accessoires gar nicht erst zu reden.
Zum Schluß wird unserer Braut, als einziger von den dreien, im Ankleidezimmer eine steife, breite weiße Haube auf den Kopf gestülpt. Sie erinnert mich mit ihren hochstehenden Ecken an die Papierschiffchen, die wir als Kinder gefaltet haben. Schön ist er bestimmt nicht, dieser starre ›Hut‹, der nun die ganze Haarpracht, die teuren Kämme und die weißgeschminkte Stirn bis zu den Augenbrauen verdeckt.
Aber die Haube hat eine sehr lange Tradition, werde ich aufgeklärt. Sie soll – wenigstens bei der Hochzeit – ›die Hörner der Eifersucht‹ verdecken.
Bewegen kann sich die Braut in all ihrer Pracht kaum noch. Sie wird von zwei Bediensteten vorsichtig hinausgeleitet, ins kleine Wartezimmer ihrer Familie, wo die engsten Anverwandten – ca. 20 Personen – dem großen Augenblick entgegenfiebern.
Gerd und sein Team haben sich inzwischen dem Bräuti-

gam und seiner Familie in deren Wartezimmer vorgestellt. Yoshiyuki Takagi, im schwarzseidenen Herrenkimono mit dem grauen Überwurf, läßt sich keine Nervosität anmerken. Nicht nur das Brautpaar, sondern auch die beiden Familien werden nach japanischer Sitte durch die Hochzeit vereinigt. Doch bevor es soweit ist, hat jede Partei in getrennten Räumen zu warten.
Bei 20 Trauungen wie am Fließband darf es in der ›Heiratsfabrik‹ keine Panne geben: Beim Einkleiden der Braut hätten sich ja zum Beispiel unerwartete Probleme auftun können. So ist eine Teepause in den Familien-Wartezimmern wohl auch vom Hochzeitspalast eingeplant.
Die Sippen Takagi und Kadoi rücken nun eine Position vor. Im ›Vorstellungsraum‹ machen die Familienoberhäupter, der Vater der Braut und der Onkel des Bräutigams, die neuen Verwandten miteinander bekannt. Beide Seiten haben im engsten Familienrat die Ehe des jungen Paares – und damit auch die ›Vermählung‹ der beiden Clans – schon lange vorher sanktioniert.

Weg der Götter

Endlich ist nun der Shinto-Schrein des *Tamahimeden* – die Hauskapelle würden wir sagen – frei für ›unser Paar‹. Es ist ein in hellem Holz modern und äußerst schlicht eingerichteter Raum. Vorne, neben dem Schrein, wartet der Priester in seiner hohen schwarzen Haube und weißen ›Soutane‹. An der Wand stehen drei ältliche Musiker und intonieren auf Holzflöten altjapanische Hofmusik.
Hinten im Raum ein paar Stuhlreihen, die nur den engsten Anverwandten Platz bieten: denen des Bräutigams rechts, denen der Braut links – und uns, dem Fernsehteam, ausnahmsweise!

Zu den Flötentönen werden nun Mizuho und Yoshiyuki von einer älteren Schrein-Dienerin des Hochzeitspalasts hereingeleitet. Vor einer kleinen, mit Blumen und Obst geschmückten Balustrade, direkt vor dem Priester, nehmen sie Aufstellung.
Zwei weitere – diesmal jüngere und hübschere Schrein-Dienerinnen in weiß-roten Kimonos – postieren sich neben dem Brautpaar und dirigieren mit geflüsterten Anweisungen den Fortgang der Zeremonie.
Mit einigen scharf gezirkelten Schlägen seines Papierwedels vertreibt der Prieser symbolisch die bösen Geister, ›reinigt‹ die Anwesenden und macht sie damit bereit, vor die Götter zu treten.
Die Götter?
Wie Mizuho und Yoshiyuki heiraten 90 Prozent aller Japaner nach dem Shinto-Ritual. Mit religiösem Bekenntnis hat das gar nichts zu tun. Wer im Shinto-Schrein heiratet, kann christlich getauft sein und sich buddhistisch beerdigen lassen. Bekenntnisse und Dogmen sind nicht gefragt. Der Shintoismus kennt sie gar nicht. Er besitzt keine ›Bibel‹ und keinen ›Katechismus‹. Die ur-japanische Bauernreligion kann ohne ein einziges geschriebenes Wort auskommen.
Ihre Götter sind die *kami:* höhere Wesen, die sich in den Kräften und Gewalten der Natur offenbaren. In Sonne und Regen, Baum und Berg, Taifun und Feuersbrunst. Alles, was in seiner Größe, Gewalt und Unerreichbarkeit vom Menschen nicht zu beeinflussen ist, kann zum *kami* werden. Doch kein Bild, keine Statue zeigt, welchem der Abermillionen höheren Wesen eine Gebetsstätte geweiht ist. Auch das gehört zu der eigentümlichen Leere eines Shinto-Schreins. Den Japaner aber fasziniert gerade diese Leere, in die sich so viel hineindenken läßt: Ein Kirschblütenzweig, eine Skizze vom Fuji, das genügt, um eine lange Gedankenkette zu bilden: Heimat, Helden,

Asakusa-Kannon Tempel.

Kaiser, Volk und Glauben. Aber das reicht nur den Japanern, weshalb bis heute kein Ausländer den Zugang zum Shinto-Glauben gefunden hat.

Einen Namen erhielt die japanische Religion übrigens erst im 6. Jahrhundert, als der Buddhismus auf Nippons Inseln kam. Da wurde – zur Unterscheidung vom ›Weg Buddhas‹ – die *kami*-Religion Shinto – ›Weg der Götter‹ – genannt.

Buddha hatte es anfangs schwer in Japan. Seine von Indien über China und Korea eingeführte Lehre war schon über 1000 Jahre alt, als sie in das verschlossene Kaiserreich vordrang. Die Schriften, Texte und Sutren des

Buddhismus berichteten von den Hochkulturen der damaligen Zeit: Von Indien und China. Und das auch noch in chinesischen Schriftzeichen, die nur wenige Privilegierte und Gebildete lesen konnten.
Es dauerte sechshundert Jahre, bis die neue Religion mit ihren farbenprächtigen Tempeln und unzähligen goldenen Statuen der verschiedenen Buddha-Inkarnationen auch ins Volk vordrang. Da aber hatten sich die Shinto-Priester auf die Konkurrenz schon vorbereitet: Buddha und seine Inkarnationen würden in Japan schon längst als *kami* existieren, erklärten sie. Obendrein befasse sich der Shintoismus mit dem Diesseits, der Buddhismus aber mit dem Jenseits. Niemand brauchte also seinem alten Glauben abzuschwören, um den neuen anzunehmen. Beide – wie praktisch! – ergänzten sich vielmehr gegenseitig.
Nach dieser bewundernswerten Übung in Toleranz dauerte es nur ein weiteres Jahrundert, bis mit dem Zen-Buddhismus endlich auch die für Japan typische Variante der neuen Religion gefunden war. Der Zen paßte wie maßgeschneidert in die Zeit und in die Landschaft; besonders bei der Kriegerkaste der Samurai fand er seine Anhänger.
Auf Bücherweisheit wird in dieser Religion verzichtet. Schlichtheit, Selbstbeherrschung und Härte sind die Voraussetzung für die erstrebte Erleuchtung: Diese gelingt nur durch versunkenes Meditieren unter äußerst harten Umständen. Beim Erdulden von Kälte und Hitze, Hunger und Durst und einem Höchstmaß an Haltungsdisziplin ist das eigene Denken auszuschalten. Eine ›stille Leere‹ soll das Innere erfüllen und dem Zen-Jünger so den Weg zum ›eigenen Ich‹ öffnen.
Viel Reden ist verpönt. Wie die vom Zen beeinflußte Malerei sich auf wenige, aber wesentliche schwarz-weiße Pinselstriche beschränkt, so wird die Meditation durch wenige – aber irritierend paradoxe – Sätze provoziert.

Friedhof in Tokio an der fünfstöckigen Pagode des Ikegami Tempels.

Eine der berühmtesten Zen-Fragen lautet zum Beispiel: ›Du weißt, wie es klingt, wenn jemand in die Hände klatscht. Sage mir, was du hörst, wenn eine Hand allein klatscht!‹

Doch irritierender noch als das kniffligste Zen-Problem ist die von Ausländern immer wieder gestellte Frage: Sind die Japaner religiös? Gemessen an der immensen Zahl ihrer Kultstätten müßte ein klares Ja die Antwort sein. Auf je 1000 Japaner kommt sowohl ein Shinto-Schrein als auch ein buddhistischer Tempel. Und sie alle werden nicht von irgendeiner ›Kirchensteuer‹ unterhalten, sondern allein von den Spenden und Zuwendungen ihrer Gläubigen.

Offiziell aber wird in Japan kein Mensch jemals nach seinem Glauben gefragt. Kein Bewerbungsschreiben, keine Akte, kein Schulzeugnis enthält eine Angabe über die Religionszugehörigkeit.

Ein japanischer Reisebüro-Verband gab unlängst für Auslandsreisende eine Fibel heraus. Darin wird erklärt, daß es im Westen immer noch Länder gibt, in denen die Nichtbeantwortung der Religionsfrage zu gesteigertem Mißtrauen führt. Illustriert ist diese Passage mit einer Karrikatur: Ein hochgewachsenes blondes Paar – die Frau mit einem Kruzifix an der Halskette – unter einer Sprechblase: ›Buddha oder Zen?‹ Vor den Ausländern steht ein kleiner, freundlicher Japaner, der sichtlich zögernd ›ja, Buddha *und* Zen‹ antwortet und so der Vorstellung seiner Gesprächspartner zu entsprechen hofft.

Als ich kürzlich meine Nachbarin fragte, ob sie Buddhistin oder Shintoistin sei, trat zunächst eine peinliche Pause ein. Dann sagte sie etwas verlegen: »Das weiß ich nicht.« Und schließlich, nach nochmaligem Zögern: »Beides.«

Mir half diese Antwort wenigstens, die offizielle Religionsstatistik zu verstehen. Danach sind rund 70 Prozent der

Japaner Shintoisten, 80 Prozent Buddhisten und etwa 1 Prozent Christen. Eine zu 151 Prozent ›gläubige Nation‹! Oder der Beweis dafür, daß kein Japaner einen Widerspruch darin sieht, Wohltaten und Lebenshilfen bei verschiedenen Religionen zu suchen. Sollte zum Beispiel bei dem Versuch, den Sohn durchs nächste Examen zu bringen, die Anrufung eines *kami* im Shinto-Schrein nichts genützt haben, so ist es ganz natürlich, beim nächsten Prüfungstermin vor einem Buddha im Tempel zu beten oder den Herrn Jesus in einer der christlichen Kirchen um Hilfe zu bitten. Und überall richtet sich der Bittsteller selbstverständlich nach den ›Regeln des Hauses‹ und benimmt sich wie ein überzeugter Anhänger des jeweiligen Glaubens.

In 60 Prozent aller Wohnungen des heutigen Japan steht – so enthüllte unlängst eine Statistik – immer noch ein Hausaltar. Dort wird der Familienahnen gedacht, die sowohl nach shintoistischer als auch nach buddhistischer Überzeugung im Jenseits weiterleben.

Doch je länger ihr Tod zurückliegt, desto mehr verblassen auf den Bildern im Hausaltar und in der Erinnerung der Lebenden ihre einst vertrauten Züge und Konturen. Sie verschwimmen im Millionenheer der Götter und Buddhas, werden eins mit ihnen. Und werden so ›anrufbereit‹ für Gebete, Wünsche und Segnungen, wenn wieder mal ein irdisches Problem überirdischer Hilfe bedarf.

Omiai, das arrangierte Glück

Im Hausschrein des *Tamahimeden* setzen Mizuho und Yoshiyuki nun noch ihre Unterschrift unter das Ehegelöbnis. Rechtlich ist diese religiöse Zeremonie ohne Bedeutung. Nirgends wird die Shinto-Trauung vermerkt. Offiziell gilt nur die Eintragung im Familienregister auf dem

Bezirksamt, die Mizuho und Yoshiyuki irgendwann nach Rückkehr von ihrer Hochzeitsreise völlig formlos nachholen wollen. Jetzt leeren sie noch gemeinsam drei Becher Sake und besiegeln damit den Bund fürs Leben.
Früher war das nur an Fürstenhöfen oder bei hohen Samurai-Familien üblich. Heute ist es unumstößlicher Hochzeitsbrauch aller Japaner. Es ist fast noch wichtiger als der Austausch der Eheringe, eine Sitte, die erst spät aus dem Westen importiert wurde.
Der weihevollen Umgebung wegen findet die Sake-Zeremonie im Shinto-Schrein statt. Und damit ist – nach ca. 25 Minuten – das Ritual beendet. Dem Hochzeitspaar bleibt es für immer erhalten. Es gehört zum mitbezahlten Service des Hochzeitspalasts, daß den Brautleuten eine Videokassette der gesamten Feierlichkeiten überreicht wird.
In jedem Saal, auch im Shinto-Schrein, sind Kameras eingebaut, die aus einem Regieraum im Keller ferngesteuert werden. Dort sind sechs Bildmischerinnen damit beschäftigt, die verschiedenen gleichzeitig stattfindenden Hochzeitsfeiern von Anfang bis Ende aufzuzeichnen.
»Von den drei großen Festlichkeiten – Taufe, Vermählung, Beerdigung – ist die Hochzeit das größte Ereignis«, erklärt mir eine junge Verwandte des Paares beim Hinausgehen aus dem Schrein. »Bei der Taufe hat man die Augen noch kaum auf, bei der Beerdigung leider schon wieder geschlossen. So bleibt die Hochzeit das einzige Fest, das man mit wachen Sinnen, dazu noch als Akteur, miterleben kann.«
Vom Schrein sind es nur ein paar Schritte über einen Gang hinüber ins Fotoatelier des *Tamahimeden*. Dienstbare Geister putzen das Paar erneut heraus. Beim Knien im Schrein verrutschte der Kimono. Bei der Braut wird noch etwas Puder aufgelegt. Dann ist die Verwandtschaft auch endlich vom Fotografen um das Paar herum ›drapiert‹. Das

obligate Hochzeitsfoto kann geschossen werden. Heißt es bei uns: »Bitte recht freundlich!«, so lautet das Kommando auf japanisch: »Bitte recht würdig und bloß nicht lachen!« Während ›unser‹ Paar nun noch x-mal, mit immer anderen Verwandtengruppen oder allein, vor einer angedeuteten Freitreppe abgelichtet wird, will ich mich noch ein wenig im Hochzeitspalast umschauen.

Auf dem ›Hochzeiter-Fließband‹ wird gerade ein anderes Paar vor die Tür befördert. Es hielt bis vor wenigen Minuten den Saal besetzt, in dem Mizuho und Yoshiyuki nun bald feiern sollen. Damit sich die Gäste nicht so unsanft verabschiedet fühlen – für jede Feier stehen bei dem Andrang an diesem Glückstag maximal zweieinhalb Stunden zur Verfügung – ist auf der Freitreppe vor dem *Tamahimeden* eine weitere Attraktion vorbereitet: Zur Erinnerung an ihren großen Tag lassen die Jungvermählten Luftballons hochsteigen – wie Kinder nach einem Jahrmarktsbesuch.

Dann ziehen die Gäste dieser Feier heimwärts. Schwer bepackt mit den ›Gegengeschenken‹: rotem Glücksreis, einem Paket mit weiteren Nahrungsmitteln, Sake-Fläschchen und einem Geschenk für den täglichen Gebrauch, einem Wecker, einem Taschenrechner oder einer Teetasse.

Als ich wieder hereinkomme, ziehen Yoshiyuki und Mizuho gerade in den schnell umdekorierten Festsaal ein. Vor ihnen tragen Freunde zwei alte Papierlaternen, auf die die Namen der nun verbundenen Familien Kadoi und Takagi gemalt sind. Der Bräutigam geht neben dem *nakodo* – dem Heiratsvermittler –, die Braut an der Seite von dessen Frau.

Früher, als die Familien sich innerhalb der Grenzen des Dorfes oder auch im Nachbarort noch alle kannten, fiel die Rolle des Ehevermittlers meist einem Verwandten des Bräutigams zu. Heute, in der Anonymität der Großstädte, ist es oft ein Schulfreund oder häufiger ein älterer Arbeits-

kollege, der den *nakodo* spielt und für einen ledigen Mann das passende Mädchen sucht. Viele Großbetriebe, wie zum Beispiel der riesige Mitsubishi-Konzern, haben eine firmeneigene Heiratsvermittlung. Deren Aufgabe ist es, ledige Firmenangehörige zusammenzubringen, aber auch zu verhindern, daß ein aufstrebender Angestellter bei der Partnersuche gesellschaftlich absteigt.
Nach dem Sitzplan, den ich schon unten im Foyer am Geschenktisch erhalten hatte, finde ich meinen Platz. Ich sitze an einem der großen runden Tische im hinteren Drittel des Saals neben einer etwa 50jährigen Dame, die sich als Tante des Bräutigams vorstellt: die jüngste Schwester des leider vor zwei Jahren verstorbenen Vaters. Zu meinem Glück ist sie sehr aufgeschlossen und redselig, mischt sogar ihr Japanisch, wenn es mir schwerfällt, ihr zu folgen, mit Erklärungen in Englisch. Eigentlich sei der Platz ja für meinen Mann bestimmt gewesen, sagt sie und deutet auf Gerd, der mit seinem Team auf der Suche nach interessanten Einstellungen durch den Saal pirscht. Sie und ihr Mann, der bei einem Fernsehsender als Produzent arbeite, hätten im Familienrat den Ausschlag gegeben, das deutsche Fernsehteam bei der Hochzeit drehen zu lassen.
Dann hält sie plötzlich inne, legt den Finger auf den Mund und deutet nach vorn, auf die Bühne. Dort erhebt sich neben dem Brautpaar der *nakodo* und setzt zu seiner Rede an. Der offizielle Teil des Hochzeitsfestes beginnt.
»In diesem Fall«, berichtet der Vermittler, »war eigentlich alles ganz einfach. Für Yoshiyuki, 31, den Detektivinspektor, habe er Mizuho gefunden, die Tochter eines höheren Polizeibeamten im Präsidium: 25 und hübsch und von Beruf Puppenmacherin.
Die Eltern zu überzeugen, daß die beiden ein ideales Paar seien, war ganz leicht, nachdem die jungen Leute aneinander Gefallen gefunden hatten. Schließlich war

auch des Bräutigams allzufrüh verstorbener Vater ein hoher Polizeioffizier.«
Begeistertes Kopfnicken und Klatschen im Saal zeigen an, daß alle seiner Meinung zustimmen.
So ganz, flüstere ich der Tante zu, sei mir immer noch nicht klar, wie denn eine solche ›arrangierte Hochzeit‹ zustande käme. Ob sie mir das nicht erklären könne.
Und während nun eine ganze Reihe von Kollegen des Bräutigams zu Lobreden auf die glückliche Verbindung ausholen, tuschelt ›Tantchen‹ mir die Feinheiten eines *omiai,* einer arrangierten Hochzeit, ins Ohr: »Erst mal war es für Yoshiyuki mit seinen 31 Lenzen ja höchste Zeit. Normalerweise sollten japanische Männer mit 29, Mädchen mit spätestens 27 unter der Haube sein.«
Bei den Frauen habe sich die Altersgrenze in letzter Zeit am meisten verschoben. Früher sei ja 25 das ideale Heiratsalter gewesen. Aber heute gingen die jungen Mädchen alle zunächst in einen Beruf und genössen dann etliche Jahre lang ihr selbstverdientes Geld, das sie vor allem für Kleidung und weite Reisen ausgäben.
Der *nakodo* habe Yoshiyuki schon seit ein paar Jahren mit Fotos von netten Mädchen versorgt, die er für standesgemäß hielt. Aber der Junge habe wohl vor allem seine Polizeikarriere im Kopf gehabt. Von dem Bild von Mizuho sei er dann allerdings sofort stark beeindruckt gewesen und habe mit einem Foto von sich reagiert, das der Heiratsvermittler an die Familie der Braut weitergeleitet habe.
Als auch Mizuho von dem schmucken Polizisten angetan zu sein schien, habe der *nakodo* zunächst einmal beide Familien aufgesucht und dort die ›Hintergründe‹ der jeweils ›anderen Partei‹ dargelegt. Danach sei in einem Restaurant im Beisein der engsten Angehörigen das erste persönliche Treffen der jungen Leute arrangiert worden. Im Gegensatz zu dem weitverbreiteten Glauben, und nun

wird die Tante sehr ernst, sei damit noch gar nichts entschieden. Gefielen sich nämlich die jungen Leute ›in natura‹ nicht oder mache einer der beiden bei der Familie der Gegenseite einen schlechten Eindruck, dann könne man alles auf dieser ersten Begegnung beruhen lassen. Man treffe einfach keine Verabredung mehr für ein Wiedersehen der jungen Leute.
Aber hier, und nun strahlt sie wieder, habe – wie man ja sehe – alles im erstrebten Sinne geklappt. Noch am Abend nach dem Familientreffen sei das junge Paar allein ausgegangen, und vier Wochen später hätten sich Yoshiyuki und Mizuho schon verlobt.
In den Städten, so fügt die Tante abschließend hinzu, finden ein Drittel aller Paare noch heute durch eine arrangierte Hochzeit zueinander. Auf dem Lande seien es noch viel mehr. Und die Scheidungsrate, das müßte man ganz deutlich sagen, wäre bei den *omiai*-Heiraten sehr viel niedriger als bei den sogenannten Liebesheiraten nach westlichem Muster.

Der teuerste Tag im Leben

Im Saal ist es plötzlich ruhig geworden. Der Reden-Vorrat scheint erschöpft zu sein. Von mir gar nicht bemerkt, haben die unauffälligen Kellner jedem der Gäste ein Glas Champagner serviert. Auf ein knappes Kommando des Zeremonienmeisters erhebt sich nun die Festgesellschaft und bringt auf das junge Paar den ersten Toast des Tages aus. Kaum haben sich die Gäste wieder gesetzt, dröhnt Mendelssohns Hochzeitsmarsch aus den Saallautsprechern. Kunstnebel wallen am linken Bühnenrand empor. Aus den Nebelschwaden taucht langsam ein großes weißes Gebilde auf: die Hochzeitstorte. Drei Meter hoch und auf einer kleinen Drehbühne montiert, die sich auf leisen Gummirädern bewegt.

Von einer Bediensteten wird nun das junge Paar zu dem von rosa Schweinwerfern effektvoll beleuchteten Kunstwerk geleitet. Beide legen die Hand um ein riesiges Messer, das mit einer roten Schleife dekoriert ist und fast

Aus Nebelschwaden taucht die Hochzeitstorte auf.

aussieht wie ein Schwert. Die Hochzeitstorte wird angeschnitten. Nur ein einziges Stück davon ist echt. Der Rest ist aus Gips, mit uraltem, steinhartem Zuckerguß überzogen. Dreimal müssen die Brautleute das Anschneiden der winzigen, dreieckigen Aussparung im Blitzlichtgewitter der Kameras wiederholen. Dann hat auch der langsamste Gast den ersten Höhepunkt der Feier ›im Kasten‹.
Zum letzten Mal wird Mizuho nun in ihrem kostbaren

weißseidenen Hochzeitskimono (Leihgebühr für 90 Minuten rund 3000,– Mark) von Palast-Helferinnen zu ihrem Platz geführt.
Seit Urzeiten nutzen die Familien das große Fest, um vor aller Welt zu zeigen, was sie sich leisten können. Polizisten aber sind auch in Japan keine Millionäre. So begnügt man sich damit, den ersten der fälligen Kostümwechsel nur bei der Braut durchzuführen. Ein stilvoller Abgang – eine letzte Verbeugung vor dem goldenen Paravan im Saalhintergrund.
Nun erst, da die Braut zum Umziehen entschwunden ist, wird den Gästen das Festessen serviert: ein Menü von mindestens fünf Gängen. Sein Preis: zwischen 60,– und 350,– Mark pro Person.
Die billigste ›Zutat‹ einer gelungenen Hochzeit ist die obligate Shinto-Zeremonie. Je nach Austragungsort zahlt man dafür nur 100,– bis 250,– Mark. Der *nakodo,* der Vermittler, muß mit wenigstens 1000,– Mark in bar oder entsprechenden Sachwerten für seine Dienste entlohnt werden. Für die Eheringe wurden fast 5000,– Mark aufgewandt, für die Kostüme des Brautpaars – nur an Leihgebühr (!) – hingegen 7000,– bis 8000,– Mark. Der Hochzeitspalast oder das Hotel kassiert für seine Dienste einschließlich Saalmiete, Bewirtung, Foto-Atelier, Videoaufzeichnung, Zeremonienmeister usw. rund 25 000,– Mark.
Als die Braut, nun im bunten Festtagskimono und in Begleitung ihres Vaters, wieder in den Saal einzieht, schlagen für ›unsere‹ Hochzeitsfeier schon rund 40 000,– Mark zu Buche. Mit Kosten von insgesamt 50 000,– Mark fühlt sich der Durchschnittsjapaner am Ende dieses ›teuersten Tages im Leben‹ noch ganz gut bedient. Fast zwei Drittel aller Hochzeiter geben diesen Betrag aus, während das restliche Drittel es wesentlich teurer oder sehr viel billiger macht.

2. Akt: Der Vater geleitet die Braut im bunten Festtagskimono in den Saal.

Der Wechsel vom offiziellen weißen Hochzeitskimono in den farbenprächtigen Festtagskimono hat das Signal gegeben: der formelle Teil des Festes ist vorüber. Jetzt darf es ›gelockert‹ zugehen.

»I did it my way«, trällert einer der Gäste den amerikanischen Evergreen – in japanischer Version. Die hauseigene Playback-Anlage ist auf derartige ›Gastspiele‹ vorbereitet und liefert die perfekte Begleitmusik vom Tonband. Ein paar fröhliche Zecher unter den Gästen nutzen die Gelegenheit, sich dem so entfernt und erhaben dasitzenden Brautpaar zu nähern, seine Gläser vollzuschenken und mit den Jungvermählten anzustoßen.

Wenig später erhebt sich das Brautpaar ein weiteres Mal, um – diesmal gemeinsam – zum Kostümwechsel zu schreiten. Und wieder müssen sich die Gäste für die nächsten 20 Minuten selbst unterhalten, was ihnen nach dem Alkoholgenuß der letzten anderthalb Stunden nicht schwerfällt.

Nun, das weiß jeder erfahrene Hochzeitsgast, folgt auf ›traditionell japanisch‹ und ›feierlich japanisch‹ der absolute Höhepunkt: ›festlich westlich‹.

In Kunstnebel gehüllt, von Lichtsymbolen aus einer Laserkanone umspielt, steigt das Paar eine Treppe herab, die bis jetzt im Bühnenraum hinter einem Vorhang verborgen war. Sie im Brautkleid à la Dior, er in der Leutnants-Galauniform der kaiserlich japanischen Polizei.

Der Saal ist effektvoll abgedunkelt, ein Scheinwerfer erhellt nur die ›Hauptdarsteller‹. Es wallen die Nebel – den Gästen wird es warm ums Herz. Eine ›Hochzeit auf japanisch‹ geht zu Ende. Ein Tag der Superlative an Glanz und Glimmer und Show – und Kosten.

Zu Sphärenklängen aus den voll aufgedrehten Lautsprechern dürfen ein paar Kinder, Nichten und Neffen des Paares, noch Blumen überreichen. Dann verstummt abrupt die Musik. Wie von Geisterhand öffnen sich die

Saaltüren. Eine Brigade von Kellnern stürzt in den Saal und räumt Gläser, Teller und Schüsseln ab. Jeder versteht: Die Mietzeit für den Festsaal – 2½ Stunden – ist abgelaufen. Im *Tamahimeden* wartet das nächste Paar auf diesen Raum.
Vor einem goldenen Wandschirm verbeugen sich Yoshiyuki und Mizuho ein letztes Mal vor ihren Gästen. Eine Angestellte drückt jedem, der sich von dem Brautpaar verabschiedet, die obligate Lackpapiertüte mit den Hochzeits-Gegengeschenken in die Hand.
Das frischgebackene Ehepaar Takagi muß sich beeilen: Schnell wieder Zivil anlegen und dann gleich ins Taxi zum Flughafen.
»Die Flitterwochen«, erzählt die Tante, die sich noch nicht von mir trennen kann, »gehören auch zum Hochzeitspaket, das der Juwelenprinzessin-Palast geschnürt hat: fünf Tage Honeymoon auf Hawaii. Für 5000,– Mark pro Person alles inklusive!«

Die da drinnen . . .

Fünf Flittertage, denke ich, – und dann der Alltag des Ehelebens! »Arme *okusan* – arme Ehefrau!« sage ich. »Hoffentlich genießt sie die paar Tage. Es wird das letzte Mal sein, daß sie neben ihrem Mann im Rampenlicht steht.«
Die Tante blickt mich erstaunt an. Statt sich zu verabschieden, wie ich dachte, schlägt sie vor, daß wir uns noch ein paar Minuten ins Café des Hochzeitspalastes setzen. Gerd ist ohnehin noch damit beschäftigt, seinen Kollegen beim Einpacken der Ausrüstung zu helfen.
»Ich glaube«, beginnt sie, während wir auf den Kaffee warten, »Sie haben wie viele Ausländer sicher eine andere Vorstellung von der Rolle der Frau in Japan.« Und

dann erzählt sie: »Als ich 22 war, wurde mein Vater für ein Jahr nach London geschickt. Weil ich aus der Schule noch am besten Englisch konnte, nahmen meine Eltern mich mit. Damals – ich war noch nicht verheiratet – habe ich in vielen Begegnungen mit europäischen Männern erfahren, welch falsches Bild von der japanischen Frau im Ausland besteht.
Die Männer scheinen sich alle an Puccinis ›Madame Butterfly‹ zu orientieren. Sie halten die Japanerin für den ›lieblichen kleinen Schmetterling‹, der immer in drei Metern Abstand hinter dem Herrn und Gebieter herflattert, die Schwerstarbeit macht, dem Mann die Pantoffeln zurechtrückt und sie ihm auch wieder auszieht. Ein Wesen, das nur dazu da ist, dem ›Pascha‹ das Leben erträglicher zu gestalten. Aber so ist es nicht!«
Ich erinnere mich an alles, was ich über ›die Frau in Japan‹ gelesen habe, was ich bisher selbst beobachten konnte und im Japanischunterricht lernte.
»*Okusan* – heißt das nicht ›die da drinnen‹? Die Ehefrau, aus der Öffentlichkeit von der Seite ihres Mannes verbannt? Auf eine Nebenrolle ›drinnen im Haus‹ beschränkt? Stimmt das etwa nicht?« frage ich.
»Doch, doch«, sagt sie beschwichtigend. »Wie so vieles in Japan stimmt es und stimmt auch wieder nicht. Denken Sie nur an Amaterasu, die Sonnengöttin, die Ahnherrin unseres Kaiserhauses: eine Frau! Also hat doch wohl in grauer Vorzeit bei den Stämmen, die diese Gottheit verehrten, das Matriarchat geherrscht. Noch in der Nara-Zeit gab es Kaiserinnen, die Japan regierten.«
»Aber das ist Vergangenheit«, werfe ich ein. »Heute geht es selbst mir so. Wenn mein Mann von Japanern eingeladen wird, gilt die Einladung meist nur für ihn, selten auch für mich.«
»Sie haben recht«, antwortet die Tante. »Nach außen hin tritt die Ehefrau kaum in Erscheinung. Wir haben nicht die

Zeit, und ich bin auch nicht vorbereitet, die ganze Sittengeschichte Japans durchzugehen. Darum lassen Sie uns bei der Gegenwart bleiben. Wie in den großen japanischen Konzernen die Männer heute eine ›lebenslange‹ Anstellung erhalten und während ihrer Dienstzeit von Posten zu Posten befördert werden, so erhält die Frau praktisch mit ihrer Heirat eine Lebensstellung in der Familie ihres Mannes. Erst ist sie noch der Schwiegermutter untergeordnet. Dann – praktisch als Führungskraft der nächsten Generation – schlüpft sie mehr und mehr in ihre eigene Rolle.

In Japan sind nur die Rollen verteilt. Der Mann ist zuständig für den Verkehr mit der Umwelt, für Beruf und Politik. Er ist ›Ministerpräsident‹ und ›Außenminister‹. Im Inneren regiert die Frau. Sie ist ›Wirtschafts-, Finanz-, Innen- und Erziehungsminister‹.

Der Mann liefert in der Regel sein Gehalt zu Hause ab, erhält von der Frau ein Taschengeld, das er für Zigaretten, Pachinko (Spielhallen), Bahn- und Taxifahrten ausgibt. Die abendlichen Bar- und Restaurant-Einladungen laufen meist sowieso auf Firmenspesen. Die Frau bestimmt mit ihrem Geschmack und ihrem Etat die Einrichtung der Wohnung, sie entscheidet über kleinere und größere Anschaffungen, sie kümmert sich um die Erziehung und Ausbildung der Kinder – bis hin zur Universität. Sie erledigt alle Alltagsgeschäfte der Familie, vom Lebensmitteleinkauf bis zum Arzttermin für ein krankes Kind.«

Einen Moment lang blicke ich die Tante nachdenklich an. Ich weiß nicht, wie ich ihr meine Einstellung zu diesem japanischen Frauen-Verständnis klarmachen soll, ohne zu schroff zu wirken.

»Im Grunde«, fährt sie unbekümmert fort, »tut jede Frau für den Mann all das, was seine Mutter für ihn getan hat. Unsere Männer mußten niemals lernen, ohne diese ständige Umsorgung auszukommen. Sie bleiben ihr Leben

lang halbwüchsige Jungen, die gehätschelt und verwöhnt werden wollen. Daß unsere Frauen das noch so ganz nebenbei schaffen, macht ihre wahre Größe aus.«
Nun lacht sie richtig befreit. »In der Familie, dem entscheidenden Bereich unserer Gesellschaft, haben wir japanischen Frauen alle Macht, ohne jedoch unsere Weiblichkeit zu verlieren. Deshalb bedeutet es für uns keine Erniedrigung, wenn wir unseren Männern in die Pantoffeln oder in den Mantel helfen und ihnen zum abendlichen Barbesuch viel Vergnügen wünschen. – Jetzt sollte ich aber wirklich gehen«, sagt sie. »Mein Mann hat heute auswärts Gäste zu bewirten, und ich muß meine Söhne in die Tanzschule fahren.« Ein Händedruck noch, sehr unjapanisch, eine tiefe Verbeugung – dann ist sie verschwunden.
Ich habe viel von ihr gelernt – nur eines habe ich vergessen: ihren Namen! Deshalb muß sie auch in diesem Bericht bleiben, was sie für mich an jenem Hochzeitstag war: ›die Tante‹.

Der Herbst der Fünfjährigen

Das hatte uns gerade noch gefehlt! Eines Tages kommt Marcel aus der Schule nach Hause und hat ein winziges, quietschendes Bündel Fell unter dem Arm: einen jungen Hund.

»Mami, den behalten wir! Er ist uns zugelaufen. Seit zwei Tagen liegt er morgens und mittags vor unserer Tür. Ich konnte es nicht länger mit ansehen, ich mußte ihn mit reinbringen!«

Vergeblich versuche ich, meinem Sohn klarzumachen, daß der kleine Hund – eine lustige, aber undefinierbare Promenadenmischung – irgendwo entlaufen sein könnte. Daß sich eine andere Familie Sorgen macht, vielleicht schon überall nach dem verschwundenen Hündchen sucht. Doch Marcel ist nicht zu überzeugen.

Drei Tage lang versorgen wir das zutrauliche kleine Tier. Dann endlich ist mein Sohn bereit, in einen Kompromiß einzuwilligen: Da der Hund kein Halsband hat, das auf seine Besitzer hindeutet, wollen wir ihn bei der Polizei abgeben. Sollte sich innerhalb einer Woche niemand gemeldet haben, werden wir uns bereit erklären, das Hündchen aufzunehmen. Marcel ist den Tränen nahe, aber tapfer marschiert er mit dem kleinen Fellknäuel zum *koban*.

Mit einem langen Gesicht kehrt er zurück: Die Beamten hätten seinen Namen und unsere Telefonnummer notiert. Aber zwei Hunde seien bei ihnen als vermißt gemeldet.

Sie hofften, den kleinen Streuner noch am Abend dem rechtmäßigen Besitzer zurückgeben zu können.
Fünf Tage später klingelt das Telefon.
Eine Frau Sakamoto ist am Apparat. Sie möchte Pelletier-san sprechen. Erst nach ein paar Minuten entnehme ich ihrer langen, schnellen Rede, daß sie Marcel meint. Sie möchte ein *purezento* – ein Geschenk – vorbeibringen. Nach einiger Zeit wird mir klar, daß sich das Ganze nur um den Hund dreht. Mir ist es peinlich, daß sie uns ein Geschenk bringen will, und ich versuche ihr zu erklären, daß Marcel sehr lange in der Schule ist und die Rückgabe des Hundes doch selbstverständlich war.
Am nächsten Tag bin ich um 14 Uhr zum Tee bei Sakamoto-san eingeladen. Umständlich, aber genau hat sie mir den Weg erklärt. Sie wohnt nicht weit von uns entfernt.
Als ich mit nur drei Minuten Verspätung zum Tee erscheine, begrüßt mich nach meinem Klingeln nicht etwa die Gastgeberin, sondern ein kleines Wollknäuel: unser Hund.
»Chiwi«, ruft Sakamoto-san aus dem Hintergrund, »Chiwi, sei doch brav, benimm dich!« Und dann, kaum hat sie mich willkommen geheißen und in das kleine Wohnzimmer geführt, erklärt sie mir, daß Chiwi eigentlich ihrem Sohn gehört. Vor zwei Wochen erst hätten sie das Hündchen von Bekannten bekommen und es Kunio, ihrem fünfjährigen Sohn, geschenkt.
Wortreich schildert sie – immer wieder von meinen Fragen unterbrochen, weil ich einen Ausdruck oder ganze Sätze nicht verstehe –, wie Kunio unter dem Verlust des Hundes gelitten habe und wie glücklich er gewesen sei, das Tier nach ein paar Tagen von der Polizei zurückzubekommen. Vor Freude und Dankbarkeit überschlägt sie sich fast, und ich muß sie immer

wieder bitten, doch ganz langsam und einfach zu sprechen, damit ich ihr folgen kann.
Bei herbem grünem Tee und allerlei süßen bunten Knabbereien, die dazu gereicht werden, erzählt sie, daß Kunio, der fünfjährige Hundebesitzer, noch im Kindergarten ist. Dort muß sie ihn um vier abholen und zu einer Vorbereitungsschule auf das Grundschulexamen bringen.
Natürlich hatte ich schon viel über den gnadenlosen Wettbewerb im japanischen Erziehungssystem gelesen: Von der ›Examenshölle‹, in der sich Schüler von der Grundschule auf die angesehene Mittelschule, von dort auf die renommierte Oberschule und auf die berühmte Universität hochbüffeln müssen. Auch hatte ich von den *juku* gehört, den privaten Paukschulen, die bei der Vorbereitung auf die endlose Kette der Examen helfen. Aber daß schon Fünfjährige – vor Beginn der Schulzeit – auf Vorbereitungsschulen geschickt werden, das war mir wirklich neu.
Frau Sakamoto muß mein Erstaunen bemerkt haben: »Nicht, daß Sie einen falschen Eindruck von mir bekommen. Ich bin keine der typisch japanischen *kyoikumamas*, der ›Erziehungsmütter‹, die keinen anderen Lebensinhalt haben, als aus ihren Kindern das meiste herauszuholen. Erst als mir eine Nachbarin vor ein paar Monaten erzählte, welche Schwierigkeiten ihr Junge beim Aufnahmeexamen für eine gute Grundschule gehabt hat, nur weil sie den ganzen Sommer spielend mit ihm am Pool verbracht hatte, da überlegten wir uns, was wir tun könnten, um Kunio solche Erfahrungen zu ersparen. Wir haben ihn – zunächst für drei Abende in der Woche – in einer Paukschule angemeldet, die ihn auf die Aufnahmeprüfung vorbereitet. Und weil das viele Lernen, nach dem Kindergarten bis in den Abend hinein, ihn doch sehr strapaziert, haben wir ihm zum Ausgleich das Hündchen gekauft.«

Eine ganze Weile unterhalten wir uns noch über die Tretmühle der Examensängste. Aber ohne die ist Japans weltweit bewunderter hoher Ausbildungsstandard wohl nicht zu erreichen.
Immer wieder versucht Sakamoto-san mir klarzumachen, daß sie nicht von besonderem Ehrgeiz geplagt sei, was die Förderung ihres kleinen Jungen angehe. »Im Grunde sind wir viel zu spät dran«, sagt sie. »Es gibt heute schon Vorkindergärten, in denen anderthalbjährige Kinder sprechen, singen und seit neuestem sogar Englisch lernen. Natürlich immer in Begleitung der ehrgeizigen Mütter, die die Kleinen auf dem Schoß halten und zwischendurch auch mal wickeln müssen. Aber das sind Auswüchse, die viele für Wahnsinn halten.«
Mich fasziniert das Thema so sehr, daß ich völlig vergessen habe, auf die Uhr zu schauen. Jetzt ist es halb vier, und ich merke, wie meine Gastgeberin unruhig wird. Um vier muß sie beim Kindergarten sein, um ihren Sohn zum Abendunterricht zu chauffieren.
Abrupt stehe ich auf und verabschiede mich. Plötzlich läuft Sakamoto-san zum Fernsehapparat und wühlt neben einem Aufzeichnungsgerät, das darunter steht, in einem Stapel Videobänder.
»Da war«, ruft sie aus der Wohnzimmerecke herüber, »neulich eine Sendung im Fernsehen zu diesem Erziehungsproblem. Die haben wir aufgezeichnet. Sie können sich das Band ja mal zu Hause in Ruhe ansehen und es mir bei Gelegenheit wiedergeben. Die Sendung wird für Sie bestimmt sehr aufschlußreich sein.«
Sekunden später stehe ich, die Videokassette unter dem Arm, auf der Straße. Hinter der Haustür jault Chiwi, der so plötzlich allein gelassen wurde. Vor mir braust Frau Sakamoto in ihrem Kleinwagen, immer noch winkend, davon in Richtung Kindergarten.
Als ich Gerd, der erst abends von einer Dienstreise heim-

kehrt, von meiner überraschenden Nachmittagstee-Einladung erzähle, von unserem Gesprächsthema, und ihm schließlich die Videokassette auf den Tisch lege, ist er begeistert: Von dem Bericht habe er schon vor Wochen gehört. Ebensolange habe er sich vergeblich bemüht, eine Kopie zu bekommen.
»Von den japanischen Fernsehsendern kannst du alles kaufen, das weißt du ja. Nur, wenn's ans ›Eingemachte‹ geht, an die Kritik der Zustände im eigenen Land, dann werden die furchtbar pingelig und vorsichtig. Dabei ist das genau der Stoff, den wir kaufen müssen, weil wir als ausländische Korrespondenten da selbst nie drankommen. Kein Japaner würde einem *gaijin*, einem Fremden, sein Herz ausschütten, wenn er mit den Zuständen auf den Inseln nicht zufrieden ist oder daran Kritik übt. Noch weniger gewährt er einem Ausländer Einblick in seine privaten Probleme, zu denen ja die Kindererziehung gehört.«

Die Karte für den D-Zug

Am nächsten Nachmittag sitzen wir im ARD-Studio und schauen uns den Dokumentarfilm *Der Herbst der Fünfjährigen* an. Gerds japanischer Mitarbeiter übersetzt:
Von Kawagoe, einem Landstädtchen in der Präfektur Saitama, sind es gut 50 Kilometer bis Tokio. Mit dem Zug ist man dorthin 1 1/2 Stunden unterwegs. Mit ihren fünfjährigen Zwillingen Mana und Sari muß Frau Sato dreimal in der Woche die Zugfahrt machen. Hin und zurück sind das also drei Stunden. Die Mädchen schlafen oft vor Übermüdung ein.
Daß die Kinder schon das Schicksal vieler Berufspendler teilen, hat mit der Sorge der Eltern um die Zukunft der Töchter zu tun: Sie sollen später einmal auf der berühm-

ten Privat-Universität Nihon Joshi-dai studieren. Dazu aber müssen sie die Aufnahmeprüfung für die der Universität angeschlossene Grundschule bestehen, und darauf müssen sie in einer privaten Vorbereitungsschule gedrillt werden.

Diese Schule liegt in Aoyama, einem der besseren Viertel Tokios. Das Schulgeld beträgt 1000,– Mark im Monat. Damit bezahlt man an drei Nachmittagen der Woche die Intensivkurse zur Vorbereitung auf die Grundschulexamen.

Die Fünfjährigen üben zum Beispiel Gedanken- und Wortassoziationen:

»Was fällt dir zu Meer ein?«

»Blau.«

»Und zu blau?«

»Himmel.«

Ordnung und Uniform müssen sein, schon im Kindergarten.

»Dazu?«
»Hell.«
»Und zu hell?«
»Licht.«
Die fröhlich-bunten Kinderbilder im Gang täuschen. In der Vorbereitungsschule ist nichts dem Zufall überlassen – alles ist haargenau auf die Anforderungen der teuren Privatschulen abgestimmt, die sich aus der Masse der ABC-Schützen die Elite heraussuchen.
Ein Lehrer verteilt große Zeichenblätter. Aus vorgegebenen Figuren – einem Dreieck, einem Kreis, einem Bogen – soll ein Bild entstehen. Bei dieser Übung kommt es auf die Phantasie an. Im Herbst – bei der echten Prüfung – werden Psychologen aus den Gemälden der Fünfjährigen Rückschlüsse auf die Begabung der Kinder ziehen. Auch kindliche Phantasie kann man trainieren.
Da ist Yasutaka Murakoshi. Er soll auf der berühmten Keio-Universität einmal, wie sein Vater, Medizin studieren. Für die Aufnahmeprüfung der dazugehörenden Grundschule arbeiten Yasu und seine Mutter seit einem Jahr.
Auch Taro Okamura soll auf die Keio-Grundschule. Sein Vater arbeitet in einem großen Handelshaus und war mehrere Jahre in London, wo Taro geboren wurde. Erst vor einem halben Jahr ist der fünfjährige Taro mit seinen Eltern nach Japan zurückgekehrt. Er hat es besonders schwer, London zu vergessen und sich in Tokio wieder ein- und unterzuordnen. Am Anfang sprach er kaum Japanisch und antwortete den Lehrern mit einem knappen »Yes« oder »No«. Nun kann er aber seine Bilder schon in der Muttersprache erklären:
»Das ist eine Pfütze – ein Berg – die Zähne von Dracula!«
Der Junge lacht am lautesten über seinen Witz. Mit seinen Späßen bringt er ein wenig kindliche Frische in die sonst nur von ernster Arbeit geprägte Umgebung. Sogar die ange-

spannten Mienen der immer präsenten Mütter vermag er aufzulockern.
Yasu – der Arztsohn – kennt Japan und seine erzieherischen Anforderungen natürlich besser. Mit großem Ernst erläutert er seine Meisterwerke: »Das ist ein Fisch! – Dies ist eine Katze.«
Zweieinhalb Stunden hat der Unterricht gedauert – ohne Unterbrechung. Die Eltern – wie die von Yasu –, die es für nötig halten und es sich leisten können, haben anschließend für ihre Kinder noch Einzelunterricht gebucht. Gegen eine Extragebühr: die Stunde 100,– Mark.
»Die Aufnahmeprüfung in eine gute Schule«, sagt Frau Murakoshi den Reportern, »bedeutet für meinen Sohn die erste wichtige Stufe in seinem Leben. Ich möchte ihm helfen, diese Klippe zu überwinden. Wir haben auch seinen älteren Bruder in die Vorbereitungsschule geschickt. Yasu soll die gleichen Chancen haben.«
Taro, der kleine Japaner aus London, kommt mit seiner Mutter erst abends spät nach Hause. Auch seine Eltern – und alle ihre Geschwister – hatten die Chance, teure und gute Privatschulen und -Universitäten zu besuchen. Dafür kann man nicht früh genug zu arbeiten beginnen, meint die Mutter: »Vor ein paar Wochen besuchten mich meine Freundinnen. Sie waren überrascht, wie sehr unser Taro meinem älteren Bruder ähnelt.«
Frau Okamuras Bruder ist das große Vorbild. Er ging zur Keio-Schule – das Foto im Wohnzimmer zeigt ihn in der Schuluniform. Als er neun Jahre alt war und im dritten Schuljahr, starb Taros Onkel.
»Sein Bild mit der Keio-Schuluniform hat sich mir tief eingeprägt. Immer habe ich mir ausgemalt, wie gut Taro die Uniform meines Bruders stehen würde. Er muß die Prüfung schaffen!«
Im Film wird ein Zeitsprung gemacht: Der Herbst naht – die Prüfungszeit.

In der Vorbereitungsschule in Aoyama ist der Streß immer deutlicher zu spüren. Es ist Sonntag. Da kann man ruhiger arbeiten, weil die Kleinen aus der Vorkindergarten-Abteilung nicht im Haus sind. Eine Aufnahmeprüfung wird unter ›echten‹ Bedingungen geprobt: Es gilt, die Aufgaben unter Zeitdruck zu lösen. Die Stoppuhr läuft – so wie bald in den richtigen Prüfungen –, und die Aufgaben werden schwieriger.
Was die Kinder hier leisten, wird nach einem Punktsystem, wie es auch die Privatschulen verwenden, bewertet. Für Taro aber sind auch nach dieser Anspannung die Belastungen am Sonntag noch nicht zu Ende. Er bekommt Einzelunterricht.
Taro hat Probleme, Mengen zu bestimmen.
»Dies sind zwei Gläser mit gleich viel Orangensaft«, erklärt der Lehrer. »Wenn ich nun den Saft aus dem großen Glas in das kleinere umschütte, – was meinst du? Ist die Menge dann immer noch gleich?«
Taro meint: »Nein, jetzt ist mehr in dem einen Glas.«
»Ich hatte aber doch gleich viel Saft am Anfang!« beharrt der Lehrer.
»Aber jetzt nicht mehr!« trotzt Taro. Der kleine Junge aus London hat die Nase voll. Er kann, er will sich nicht mehr konzentrieren. Aber er muß! Die richtigen Examen für die guten Schulen dauern bis zu zwei Stunden. Da nimmt keiner Rücksicht auf Konzentrationsschwächen von Fünf- bis Sechsjährigen.
»Sind wir nun endlich fertig?« fragt Taro und schielt zum Fenster.
»Gleich, morgen machen wir weiter!«
Unten sind die Mädchen zum musikalischen Reigen angetreten. Rhythmische Übungen gehören zu den Prüfungsaufgaben der Mädchenschulen
Die Zwillinge Mana und Sari Sato mußten auch an diesem Sonntag für die ›heiße Prüfung‹ und den nachfolgen-

den Einzelunterricht zusätzlich drei Stunden Zugfahrt auf sich nehmen. Wie viele Kinder wurden sie von der Mutter zur Prüfung an drei verschiedenen renommierten Privatschulen angemeldet. Man kann ja nie wissen, ob es an der ersten Schule wirklich klappt. Der Nachteil ist nur, daß die Kinder auch für die speziellen Prüfungsaufgaben der anderen beiden Schulen gedrillt werden müssen.

»Zur Zeit«, erzählt Frau Sato, die Mutter der Zwillinge, »haben wir keine ruhige Minute mehr. Wir stehen alle unter einem ungeheuren psychischen Druck. Es tut mir leid, daß meine Töchter schon jetzt so viel lernen müssen. Aber wenn sie diese Prüfung nicht bestehen, haben sie es später sehr viel schwerer. Wenn sie älter werden, haben sie neben den vielen Hausaufgaben noch ihre Hobbys. Es wird ihnen dann noch schwerer fallen, die Prüfung für ein angesehenes Privatgymnasium zu bestehen, wenn sie zuvor nur auf einer öffentlichen Grundschule waren

Unser Schulsystem läßt den Kindern kaum Zeit für eigene Interessen oder gar zum Spielen. Sie müssen immer nur für Prüfungen pauken, damit sie nicht durchfallen.«

Renommierte Privatschulen testen nicht nur die Kinder, sondern auch die Eltern. An der Vorbereitungsschule wird also auch das Gespräch mit den Eltern, das Teil der Aufnahmeprüfung ist, vorher simuliert:

»Kann ich denen sagen, daß mein Kind vorsichtshalber auch noch die Prüfung an anderen Privatschulen macht?« will eine Mutter wissen.

»Auf keinen Fall!« lautet die Antwort. »Das dürfen Sie nie zugeben.«

Frau Sato wird in ihrem simulierten Elterntest vor ein schwieriges Problem gestellt.

»Was machen Sie«, will der Prüfer wissen, »wenn nur eine Ihrer Töchter die Prüfung besteht, die andere aber nicht?«

»Dann müßte ich die Kinder trennen und die andere Tochter auf eine andere Schule schicken«, antwortet sie.
»Noch ist es zu früh, sich darüber ernste Sorgen zu machen«, tröstet der Lehrer. »Aber Sie müssen Ihre ganze Kraft einsetzen, damit beide durchkommen.«
Gegen Ende der Vorbereitungs-Schulzeit findet in der Aula eine Elternversammlung statt. Väter sind hier kaum zu sehen. Nach alter Tradition ist in Japan alles, was mit der Erziehung und Ausbildung der Kinder zu tun hat, ausschließlich Sache der Mütter.
Es geht um den in zahlreichen Tests erzielten Bewertungsdurchschnitt. Aus den in der Paukschule erreichten Punktezahlen läßt sich nämlich ersehen, für welche Renommierschule man sein Kind gar nicht erst anzumelden braucht. Die ganz berühmten, wie Keio, Futaba oder Gakushuin, setzen mehr als 60 Punkte voraus. Wer einen niedrigeren Punktedurchschnitt hat, sollte sich mit etwas weniger anspruchsvollen Privatschulen begnügen.
In den meisten Fällen wird nach Bekanntgabe des Punktespiegels noch einmal zum Endspurt angesetzt.
»Sagen Sie Ihren Kindern«, so hatte der Schulleiter die Eltern in der Aula ermahnt, »daß sie jeden Tag arbeiten müssen, auch wenn sie keine Lust dazu haben.
Ich befürchte allerdings«, hatte er hinzugefügt, »daß Sie Ihre Kindern überfordern. Sie haben jetzt täglich Examensübungen und davor oder danach noch Gymnastik, Klavierunterricht, Sport oder was Sie ihnen sonst noch alles abverlangen.«
Der Mann kennt seine Japaner – und das ehrgeizigste Schulsystem der Welt. Er lebt schließlich von seiner Kinder-Paukanstalt, die nicht umsonst zu den wirtschaftlich erfolgreichsten japanischen Unternehmen gehört.
Der *Herbst der Fünfjährigen* – so sieht er aus!

Manche – wie Taro, den London geprägt und für Japan fast verdorben hat – halten ihn nur schwer durch. Manchmal bekommt Taro Anfälle von kindlicher Toblust, die man an dieser Lernschule einfach nicht dulden kann. Er wird dann vom Lehrer getadelt und in die Ecke gestellt. Eine Erziehungsmaßnahme, die er mit einer Grimassenserie beantwortet.
Nachsichtig erklärt die Mutter: »Taro hat nicht viel Ehrgeiz. Er hat eine sehr robuste Natur. Aber manchmal dreht er einfach durch. Er tut, was ihm Spaß macht. Ich kann nur hoffen, daß er einmal Lehrer findet, die seinen Charakter verstehen und ihn so nehmen, wie er ist.«

Wie Rennpferde in die Prüfung

Es ist wieder Sonntag und die letzte der simulierten Prüfungen in der Vorbereitungsschule. Diesmal auch unter den gleichen äußeren Bedingungen wie nächste Woche in der Schule. Den Kindern hat man Nummern umgehängt – wie Rennpferden. Keines wird mehr beim Namen gerufen – allein die Nummer zählt. Auch die Kamera darf nun nicht mehr hautnah dabeisein – der Ernstfall wird geprobt: jene zwei Stunden Examen, die über das zukünftige Leben dieser Kinder entscheiden können.
2. November, 9 Uhr. Prüfung an der Shirayuri-Privatschule.
Etwas mehr als 1200 Kinder versuchen an diesem Tag ihr Glück. Sie – vor allem ihre Eltern – wissen, daß nur rund 180 die Chance haben, aufgenommen zu werden. 95 Prozent der Kinder haben Vorbereitungsschulen besucht, wie die Zwillinge Mana und Sari, die hier Nummer 100

Mittelschüler – in typischer Schuluniform – beim Ausflug zu den Tempeln von Kamakura.

und Nummer 101 sind. Da gerade von Zahlen die Rede ist: Nicht einmal ein Prozent der Volksschulen in Japan sind Privatschulen, aber über 72 Prozent der Universitäten, darunter die besten und renommiertesten – die mit den großen Namen. Und da in Japan überhaupt nicht zählt, was, sondern allein wo man studiert hat, beginnen Erfolgskarrieren eben in der ›richtigen‹ Grundschule, von der man mit Sicherheit auf die ›richtige‹ Oberschule und von dort auf die einzig ›richtige‹ Universität kommt. Deshalb zittern Mütter wie Frau Sato, die selbst die Prüfungsnummer der Töchter trägt, mit ihren Kindern den ganzen Herbst lang.

4. November: Zwei Tage später! Kawamura-Schule, die zweite der Privatschulen, in der es die Zwillinge – sicher-

heitshalber – versuchen. Mana hat heute die Nummer 26, Sari ist Nummer 33.

5. November: Drittes Examen für die fünfjährigen Mädchen. Diesmal an der Schule, auf die sie am liebsten möchten: Nihon Joshi-dai. Neben der Bank stehen ältere Schülerinnen, um aufzupassen, daß nicht gemogelt wird. Nur jedes sechste Kind wird hier die Prüfung bestehen. Frau Sato wartet nervös in der Halle. Auch sie hat der Marathonlauf durch die Prüfungssäle mitgenommen. Drei Examen in vier Tagen!

Keio-Schule: Erste Sprosse auf der Leiter zu einer der ganz großen Universitäten Japans. Vermögende japanische Eltern würden viel zahlen, wenn hier die Aufnahme allein mit Geld zu erkaufen wäre!

Yasutaka Murakoshi hat die Keio-Prüfung hinter sich. Am Tag zuvor hatte der Arztsohn das Examen der Seikei-Privatschule mitgemacht.

»Welche war schwieriger?« fragt der Reporter.

»Ich glaube, Keio«, meint Yasu. »Ich möchte aber lieber auf die Seikei, dort habe ich Freunde. Aber meine Eltern sind für Keio, weil auch mein Vater dort studiert hat. Also wird es Keio sein, wenn ich bestehe.«

Am Nachmittag, bei den Murakoshis zu Hause: Die Mutter geht mit Yasu noch einmal alle Aufgaben aus dem Keio-Examen durch. Sie möchte jetzt schon wissen, wie der Junge abgeschnitten hat.

»Hast du auch alles noch mal nachgeprüft?«

»Ja, hab' ich!« Yasu versteht nicht, warum er sich nach all den Prüfungen nun noch einmal anstrengen und konzentrieren soll. An viele der Aufgaben kann sich der Junge nicht mehr erinnern. Vieles versteht auch die Mutter falsch – oder gar nicht.

»Denk doch mal nach«, drängt sie und versucht immer wieder, ihn aufzumuntern.

Yasu wird gereizt, stützt den Kopf in beide Hände und

fährt plötzlich auf: »Ich kann nicht mehr, ich kann nicht – und ich will auch nicht mehr!«
»Dann sagst du es mir, wenn es dir wieder eingefallen ist«, resigniert die Mutter.
14 Tage später!
Von morgens zehn Uhr an sind in der Keio auf einer riesigen Tafel die Namen der Prüflinge angeschlagen, die das Aufnahmeexamen bestanden haben.
Dies ist der Tag der Mütter!
Die Entscheidung nach einem Jahr aufreibender Strapazen, die sie ihren Kindern, aber auch sich selbst aufgezwungen haben.
Frau Murakoshi kann die Namen der Sieger nur vom Eingang aus sehen. Weiter kommt sie in dem Gedränge nicht. Da steht er, der Name: Yasutaka Murakoshi. 1066 Schüler hatten sich beworben, nur 132 wurden angenommen – jedes achte Kind. Im Glückstaumel ›ihres‹ Sieges läuft Frau Murakoshi auf die Straße.
An dieser Stelle meldet sich der japanische Reporter mit einem Wort in eigener Sache: »Natürlich wurden für diesen Film noch mehr Mütter aufgenommen. Doch alle, deren Kinder die Prüfung nicht bestanden haben, zogen nachträglich ihr Einverständnis, mitzuwirken, zurück.
Niemand verliert gern sein Gesicht, schon gar nicht im Fernsehen. So muß dieser Bericht zwangsläufig ein Beitrag über die Sieger bleiben und die Besiegten unerwähnt lassen.«
Übrigens hat auch Taro, der kleine Junge aus London, bestanden. Das angestrebte hohe Ziel hat er nicht ganz erreicht. Bei der Keio ist er nicht durchgekommen. Dafür hat es bei seiner ›2. Wahl‹, einer Privatschule in Aoyama, gereicht.
»Ich glaube, jetzt ist die schwierigste Zeit vorbei«, meint die Mutter. »Taro hat sich besonders gefreut, daß einige der Kinder, die – im Gegensatz zu ihm – schon zwei, drei

Jahre die Vorbereitungsschule besuchten, nicht durchgekommen sind.«
Kann man dem Kleinen die Schadenfreude verdenken?
Frau Sato hat draußen in Kawagoe die Prüfungsergebnisse der Zwillinge mit der Post bekommen. Jetzt ruft sie als erstes die Schwiegermutter an. Beide Mädchen haben bestanden. Frau Sato kann ihr Glück kaum fassen!
Auch die Großmutter freut sich mit. In dem für Kindererziehung zuständigen Bereich der japanischen Großfamilie ist die Mutter des Mannes natürlich die oberste Instanz. Dann aber mahnt sie die Schwiegertochter, auch gleich den Vater der Zwillinge im Büro zu benachrichtigen.
»Die Kinder haben mit dieser Prüfung so viel erreicht, daß sie später nur noch gut heiraten müssen, dann sind wir alle Sorgen los«, erklärt Frau Sato vor der Fernsehkamera. »Ich will es mal so ausdrücken: Mit dem Bestehen dieser Prüfung haben sie die Karte für einen D-Zug gelöst statt für einen Bummelzug.«
Für ein paar Wochen – ein paar Monate sogar – dürfen sie noch einmal richtige Kinder sein, dürfen spielen und sich austoben, ehe sie im nächsten Frühling auf den ›D-Zug‹ aufspringen, der am ersten Schultag abfährt.
Erster Schultag im April.
Die Kinder kommen in der neuen Schuluniform, die meisten Mütter im traditionellen Kimono. Es ist ein Festtag für beide: Kinder und Mütter.
Zum letzten Mal wird überprüft, daß sich keiner hierherverirrt hat, der nicht dazugehört. Nur wer in der Liste der Examenssieger steht, darf sich sein Namenskärtchen anstecken – mit dem Emblem der Schule. In diesem Augenblick hat für die kleinen Japaner die Kindheit endgültig aufgehört. Auch wenn sie es an ihrem Jubeltag noch gar nicht merken: Von jetzt an heißt ihr Leben nur noch Disziplin, Lernen, Büffeln, Streben. Immer auf die nächste Prüfung hin: die nächste noch bessere Ober-

Kleines Mädchen in Festtracht.

schule, das renommierte College – und schließlich die Universität mit dem allergrößten Prestige.
Die Schule ist der Grund dafür, daß man japanische Kinder so selten spielen sieht, nicht die Enge der Städte oder das Fehlen von Kinderspielplätzen. Acht bis zehn Stunden müssen schon Erstkläßler pauken, um das Pensum zu schaffen. Zwölf oder mehr Stunden brauchen Zehnjährige, um mit Nachhilfeunterricht und Vorbereitungskursen auf teuren Paukschulen zusätzlich auf die nächsten Examen getrimmt zu werden. In keinem Land der Welt ist die Selbstmordrate unter Schülern so hoch wie in Japan. Nirgendwo werden Nervosität, Streßsymptome, Magengeschwüre bei Kindern häufiger diagnostiziert als hier.
Japan, die Nr. 1. – Auf diesem Sektor ein trauriger Ruhm! Japanische Schulen – auch teure Eliteschulen – bringen keine grandiosen Genies hervor. Überragende Einzelleistungen sind unerwünscht. Die Einordnung in die Gruppe ist oberstes Gebot: Nur nicht auffallen!
An ihrem ersten Schultag treten die Kinder aus dem kleinen Kreis ihrer Familie heraus und hinein in einen größeren Kreis, die Gruppe, die fortan vor allem ihre Welt sein wird. Ihre Arbeitswelt: erst die Schule, dann die Universität und schließlich – wenn sie erwachsen sind – die Firma, der sie meist ein Leben lang die Treue halten.
Doch zum Einstieg in jede neue Etappe werden sie wieder kämpfen müssen, in einer neuen Examenshölle – wie schon die Fünfjährigen.

Kazu – das Kabuki-Kind

Einmal war ich schon im *Kabuki*-Theater, während eines dreitägigen Besuchs in Kyoto, der alten Kaiserstadt Japans. Dort ist man von so vielfältigen japanischen Traditionen umgeben, daß man sich zum Besuch des Kaburenjo, des *Kabuki*-Theaters, auch noch Zeit nehmen muß. Das hatten uns Freunde geraten. Und wir hatten uns die Zeit genommen.

Ich weiß heute noch, wie peinlich es mir war, daß wir dennoch zu spät kamen. Um 17 Uhr fing die Abendvorstellung an – das stand auf unseren Eintrittskarten – und um 18.30 Uhr kamen wir an. Doch meine Sorge, durch unser spätes Kommen die anderen Theaterbesucher zu stören, wurde mir gleich genommen. Vor den geschlossenen Saaltüren im Foyer warteten noch gut fünfzig weitere Gäste auf das Ende des Aktes.

Als wir aus dem Saal donnernden Applaus vernahmen und sich schließlich die Türen öffneten, drängten nicht nur die zu spät Gekommenen hinein, sondern fast all die anderen Besucher heraus ins Foyer. Dort versorgten sich viele sofort an mehreren Verkaufsständen mit *obentos*, japanischen Imbißpaketen, die sie, fröhlich kauend, nachher noch mit zu ihren Plätzen nahmen.

Ein *Kabuki*-Abend ist lang. Vier Stunden sind die Regel, sechsstündige Vorstellungen keine Ausnahme. Doch das Programm besteht aus mehreren in sich abgeschlossenen Einaktern, deren Handlung sich jeweils um eine oder höchstens zwei Hauptfiguren dreht. Es sind diese *Kabuki*-Stars, die das Publikum anziehen und für jeden Japaner den Wert des Abends ausmachen. Den Inhalt der *Kabuki*-Stücke – es gibt nicht viel mehr als zwanzig Grundvorlagen, die immer wiederkehren – kennt jedes Schulkind. Und deshalb ist es auch durchaus kein Ausdruck des Mißfallens, wenn viele Besucher das Theater im Lauf der Vorstellung verlassen. Sie gehen einfach, wenn nach dem Stück mit ihrem Lieblingsschauspieler der Vorhang gefallen ist. Genauso kommen andere erst, kurz bevor ihr Schauspieler auftritt.

Ich erinnere mich noch gut daran, daß mir der erste *Kabuki*-Besuch in Kyoto nicht ›unter die Haut‹ ging, obgleich ich die Handlung des Stückes verstand – dank einer englischen Inhaltsangabe, die an Ausländer verteilt wurde.

Die dicke weiße Schminke, die die wahren Gesichter der Schauspieler verdeckte, die übertriebene Gestik, die abgezirkelten, formalen Bewegungen, die hohe, unnatürliche, oft ins Falsett umkippende Stimmlage der Akteure – all das war so fremd, so ohne jede Ähnlichkeit mit europäischem Theater. Obwohl mich die Aussage der Stücke innerlich kaum berührte, interessierte mich die Darstellung und die Geschichte des *Kabuki*.

Das *Kabuki* – las ich später – ist die jüngste und die volkstümlichste Form des japanischen Theaters. Das *No*-Spiel, das klassische Tanztheater, ist viel älter, war aber immer ein Kulturgenuß der Oberschicht.

So entstand das aktionsreiche *Kabuki* Anfang des 17. Jahrhunderts als eine Art Theaterrevolution des Bürgertums. Als sein Erfinder gilt eine Frau: Okuni, eine Tänzerin von einem berühmten Shinto-Schrein bei Kyoto. Sie brachte 1603 ihre hauptsächlich aus weiblichen Mitgliedern bestehende Truppe zu einem Theaterabend in die Kaiserstadt. Ihr Programm bestand aus einer Folge eroti-

scher Tänze, unterbrochen von komischen Sketchen. Okuni und ihre Truppe wurden in kürzester Zeit im ganzen Land berühmt.
Und stets wurden die Tänzerin und ihre zahllosen Nachahmerinnnen so gefeiert, daß es in den Theatern zu Tumulten kam, weil viele der anwesenden Männer um die Gunst der Tänzerinnen stritten.
Die strenge Militärregierung der Tokugawa-Shogune sah solche ›Ausschreitungen‹ natürlich mit Mißvergnügen, besonders da viele ›Damen‹ mit ihren Auftritten offen zur Prostitution aufriefen. Und so erfolgte – schon 26 Jahre nach ihrer Entstehung – der erste Einschnitt in die *Kabuki*-Geschichte: Frauen wurde der Auftritt in diesem populären Volkstheater verboten.
Eine Zeitlang behalf man sich auf den *Kabuki*-Bühnen mit Jünglingen, die in Frauenkleider gesteckt wurden. Doch mit ihnen – und ihren Verehrern – gab es bald ähnliche Probleme wie zuvor mit den ›Damen‹. 1652 wurde auch jungen Männern untersagt, Frauenrollen im Volkstheater zu spielen.
Da blieb, wenn das *Kabuki* überleben sollte, den Veranstaltern gar nichts anderes mehr übrig, als erwachsene Männer die Frauenrollen spielen zu lassen, ohne die es in den meisten Dramen nun einmal nicht ging. Die *onnagata* waren geboren, die Frauendarsteller, die auch heute noch zu den beliebtesten Bühnenstars zählen.
Die Stücke, die auf dieser Volksbühne seit 300 Jahren ausschließlich von Männern dargeboten werden, lassen sich in zwei Gruppen einteilen: einmal in die historischen Samurai-Sagen und zum zweiten in die eher erotischen Dramen, in denen es stets um den Konflikt zwischen Pflicht und Gefühl geht und die häufig in auswegloser Situation mit dem Selbstmord des einen oder der beiden Helden enden.
All dies hatte ich sorgfältig registriert, aber dann in einer

der unteren Gehirnschubladen meiner Japan-Erkenntnisse abgelegt, als ich eines Abends auf einer der vielen Partys in Tokio mit Frau Yoshiko Takahashi ins Gespräch kam.
Die etwa 40jährige, noch immer gut aussehende und nach der neuesten Mode gekleidete Dame wird mir als ›heute abend leider allein, ihr Mann mußte verreisen‹ vorgestellt.
Schon das reizte mein Interesse: eine Japanerin, die ohne ihren Mann zu einer Party kommt!
Beim dritten Sherry kenne ich fast ihre ganze Lebensgeschichte. Yoshiko war eine bekannte Film- und Theaterschauspielerin, bis sie heiratete und ihren Beruf aufgab. Nach etlichen Ehejahren gestattete ihr Mann, inzwischen Vizepräsident einer Elektronik-Firma, ihr, einen Nebenjob anzunehmen. »Nicht des Geldes wegen«, wie sie fortwährend betont, »sondern damit ich eine Abwechslung habe.«
Yoshiko wurde – unter ihrem Mädchennamen Takahashi – Moderatorin einer Fernsehsendung.
»Im Nachmittagsprogramm«, sagt sie entschuldigend, als sie meinem fragenden Blick anmerkt, daß ich sie offenbar noch nie auf der Mattscheibe gesehen habe. »Aber es ist schön, daß ich nun viele meiner Kolleginnen und Kollegen von früher wiedertreffe.«
Wir stehen am Buffet, picken gemeinsam mit unseren Stäbchen ein paar Lachsscheiben auf unsere Teller und nehmen von einer der jungen Hotelhostessen ein Glas Wein entgegen, als Yoshiko plötzlich fragt: »Verstehen Sie eigentlich was vom *Kabuki*?«
»Nicht viel«, antworte ich verlegen lächelnd. »Aber es interessiert mich sehr.« Dabei weiß ich, daß ich wohl ein bißchen dick aufgetragen habe.
»Wenn es Sie wirklich interessiert«, sagt sie, »könnte ich Sie nächste Woche mitnehmen. Zur Premiere unseres

jüngsten *Kabuki*-Stars. Seine Mutter ist nämlich mit ›Kikugoro dem Siebten‹ verheiratet. Und jetzt kommt ihr Sohn Kazu als ›Ushinosuke‹ auf die Bühne.«

Das ist eine seltene Chance, und ich sage selbstverständlich zu.

Einige Tage später treffen wir uns schon vormittags um 10 an einer U-Bahn-Station. Gemeinsam fahren wir zur Ginza, ins Kabuki-Za, Tokios 90 Jahre altes *Kabuki*-Theater.

Plötzlich deutet Frau Takahashi nach oben, wo an der Decke des Waggons unzählige bunte Werbeplakate hängen. Sie zeigt auf eine weiße Maske, das Bild eines 5- bis 6jährigen daneben. »Das ist das Premierenplakat«, sagt sie, »da sehen Sie Ushinosuke.«

Und dann erzählt sie mir, daß der Junge, der eigentlich Kazuyasu heißt, das Erbe einer alten Künstlerfamilie antreten soll: »Zum *Kabuki*-Schauspieler wird man geboren, nicht berufen.«

Ushinosuke

Ehe er mit den Bühnenproben zu seinem ersten Auftritt beginnen durfte, hat Kazu, wie sie ihn nennen, zu Hause Unterricht gehabt. Vier Jahre lang, seit seinem zweiten Lebensjahr. Er lernte die seit 300 Jahren vorgeschriebenen Gesten, Bewegungen und Schritte und die etwas altmodische Sprechweise, die für das *Kabuki* so typisch sind.

Hin und wieder hat er fremde Lehrer gehabt. Meist aber hat seine Mutter, die eine erfolgreiche Film- und Fernsehschauspielerin ist, mit ihm geübt. Wenn er eine Rolle schon recht gut beherrschte, dann durfte er sie seinem Vater, Kikugoro VII., vorführen. Der hat ihm dann den letzten Schliff gegeben.

An Kikugoros Künstlernamen kann man übrigens erkennen – wie bei den meisten anderen berühmten *Kabuki*-Stars –, welch lange Tradition die Familie hat. Kikugoro I., der Urahn des Schauspielergeschlechts, lebte vor 260 Jahren. Natürlich soll aus dem Jungen, der nun als ›Ushinosuke‹ auftreten wird, einmal Kikugoro VIII. werden. Aber das kann noch lange dauern. Einen solch ehrwürdigen Namen muß man sich im *Kabuki*-Theater erst durch überragende Leistungen verdienen. Der Vater, der jetzt 42 Jahre alt ist, durfte erst vor 9 Jahren endgültig den Künstlernamen des großen Vorfahren annehmen.«
Wir kommen wieder ein paar Minuten zu spät zum Bühneneingang des Kabuki-Za. Kazu, alias Ushinosuke, ist schon in der Garderobe. Der Pförtner kennt Frau Takahashi und winkt uns freundlich durch. Auf Schleichwegen, die ich nie alleine gefunden hätte, schleust mich meine Führerin durch ein Gewirr von Türen, Gängen, Kabeln und Hydraulik vom Hintergrund der Bühne in den Theatersaal.
Sie bemerkt mein Erstaunen, als ich dort schon 50 bis 60 Leute – in Gruppen verteilt – auf den Plätzen sitzen sehe. »Ach, das vergaß ich zu sagen! Heute morgen ist Generalprobe, also in vollem Kostüm«, erklärt sie. »Die Leute hier sind Freunde und Bekannte der Familie, und ein paar Theaterkritiker sind wohl auch hier . . .« Als sie feststellt, daß im Zuschauerraum noch alle Lampen brennen, ist Frau Takahashi beruhigt. »Wir haben noch Zeit genug, um kurz in die Garderobe zu gehen.«
Und schon zieht sie mich wieder durch einen der schwachbeleuchteten Gänge, um schließlich vor einer offenen Tür stehenzubleiben. Dahinter sehe ich, vor einem großen Spiegel zwei Frauen mit dem Ankleiden eines kleinen Jungen beschäftigt, der wohl ›Ushinosuke‹ sein muß.
Frau Takahashi tritt in den Raum und begrüßt den Knirps

vertraut. Sie ändert dann, so meine ich wenigstens, die Stimme und stellt mich, die Fremde, sehr formvollendet dem jungen *Kabuki*-Star vor. Der nickt erhaben und lächelt.

Auch ich verbeuge mich tief und ziehe mich wieder aus dem hellen Licht der Garderobe in das Halbdunkel des Ganges zurück, aber so, daß ich noch alles sehen kann, was in dem Raum vorgeht.

»Das sind die *tabi*«, flüstert Frau Takahashi, die zu mir herausgekommen ist, »die traditionellen japanischen Strumpfschuhe, eine Art Fausthandschuhe für die Füße. Kazu mag die *tabi* nicht. Sie drücken ihn. Während der Proben hat man ihm erlaubt, barfuß zu gehen, aber jetzt, für die Generalprobe, muß er die *tabi* anziehen.«

Schade, daß die weiße Schminke schon aufgetragen ist, die in einer dicken Schicht das Kindergesicht bedeckt.

»Das Schminken eines *Kabuki*-Schauspielers kann bis zu zwei Stunden dauern«, erklärt meine Begleiterin, als hätte sie meine Gedanken erraten. »Die weiße Maske hat das *Kabuki* vom *No*-Theater übernommen. Da treten die Schauspieler ja hinter weißen Holzmasken auf, die ihre Gesichter verbergen, so daß keinerlei Ausdruck zu sehen ist.«

Gerade kann ich beobachten, wie dem kleinen Künstler das Kostüm angelegt wird. Es scheint ziemlich schwer zu sein . . .

»Die meisten *Kabuki*-Stücke«, fährt Frau Takahashi fort, »spielen in Japans Samurai-Zeit. In der Epoche der alten Ritter, würden Sie wohl sagen. Und die Samurai trugen Gewänder aus Seide und Brokat, wenn sie nicht gerade in Rüstung und Harnisch gekleidet waren.«

Als letztes stülpt jetzt ein Maskenbildner dem kleinen Jungen eine große schwarze Perücke mit Zopf über die Haare. Kazu stöhnt tief auf! Auch die ist sicher ganz schön schwer, denke ich.

In diesem Moment stößt mich meine Begleiterin an und zieht mich am Ärmel durch den Gang. »Wir müssen gehen! Gleich fängt es an, und wir wollen die Generalprobe doch von Anfang bis Ende sehen.«
Während wir uns, im nun schon abgedunkelten Theatersaal, vorsichtig zu zwei freien Plätzen in der vierten Reihe schleichen, erklärt mir Frau Takahashi, leise flüsternd, den Inhalt des Stücks:
»Es ist eine der bekanntesten Samurai-Sagen Japans. Der kleine Sohn eines berühmten Feldherrn wird, nachdem sein Vater im Kampf gefallen ist, in einem abgelegenen Kloster vor den Verfolgern seiner Sippe in Sicherheit gebracht. Dort wird er sogleich von den frommen, aber kriegserfahrenen Mönchen in allen Kampf- und Kriegskünsten unterrichtet. Er besiegt fortan jeden Gegner, rächt den Mord an seinem Vater und wird später selbst der berühmteste Feldherr des japanischen Mittelalters.
Das ist eine der Heldensagen, die jeder kennt. Eine Mischung aus Dichtung und Wahrheit, wie die meisten *Kabuki*-Stücke. Aber Sie wissen ja, daß es auf das Thema gar nicht ankommt. Hier geht es nur um eines: Was macht der kleine Ushinosuke aus seiner Rolle?«
Ich drehe mich um und stelle fest, daß der Theatersaal inzwischen fast voll besetzt ist. Alles Verwandte? Kritiker? Jedenfalls unendlich viele, die die Geburt eines Stars aus einer alten Schauspielerfamilie gleich zu Beginn miterleben wollen.
Und eine ›Familienfeier‹ findet auch auf der Bühne statt. Der Vater spielt mit, ein Onkel mit einem berühmten Namen, und zwei Vettern haben weitere Hauptrollen.
Kikugoro VII. spielt einen Samurai, der in einer der Schlüsselszenen den jungen Helden auf dem Weg vom Kloster in einen anderen Tempel begleiten und beschützen soll.
Mutig und kräftig schreitet Ushinosuke, ›der kleine Krie-

ger‹, am Anfang des Marsches noch aus. Doch dann, auf dem Laufsteg, der die *Kabuki*-Bühne in den Zuschauerraum hinein ausdehnt, setzt er sich ermattet nieder und befiehlt seinem Begleiter, ein Pferd zu bringen.
»Ein Pferd ist weit und breit nicht aufzutreiben«, erwidert der Ritter.
Da siegt die Phantasie des Kleinen: »Macht nichts! Dann bist du ein Pferd.«
Der Samurai fügt sich, und auf den Schultern seines Beschützers ›reitet‹ der junge Held unter dem donnernden Applaus des begeisterten Publikums über den Steg.

Als wir wieder in der U-Bahn sitzen, um nach Hause zu fahren, starrt meine Bekannte, die ehemalige Schauspielerin, auf das wieder über uns hängende Premierenplakat.
»Vier Wochen«, sagt sie, »einen Monat lang wird er spielen. Aber dann erst beginnt für Kazuyasu der wirkliche Ernst des Lebens: seine Schulzeit. Und in jeder freien Minute das harte, noch Jahrzehnte dauernde Üben, das aus ›Ushinosuke‹ einmal einen wirklich bedeutenden *Kabuki*-Schauspieler machen soll: Kikugoro VIII.«

Marcels Freunde

Die Bratwurst auf meinem Teller beginnt plötzlich hektisch zu zucken. Sie rollt zwischen Sauerkraut und Tellerrand hin und her. Als ich verstört aufblicke, beginnt auch das eben vollgeschenkte Bierglas überzuschwappen. Welcher Tölpel hat denn hier an den Tisch gestoßen? denke ich und sehe mir gegenüber in eine Runde schreckgeweiteter Augen.

Eine ganze Weile starren wir einander sprachlos an, während jeder fühlt, wie der Boden unter uns wankt. Dann ist ein Ächzen und Knirschen von Glas und Beton überall um uns herum. Die schweren Kristallüster schwanken, als sei ein Ozeandampfer im Orkan unterwegs. Abrupt ist jede Unterhaltung in dem riesigen Saal erstorben. Doch alle bleiben wie angewurzelt auf ihren Stühlen sitzen.

»Ein Erdbeben!« haucht eine leise Stimme neben mir. »Und was für eins!« antwortet erregt eine andere vom unteren Ende des Tisches. Dabei war das Oktoberfest, zu dem eine deutsche Firma aus Anlaß des Jubiläums ihrer Japan-Filiale eingeladen hatte, bis zu diesem Augenblick ein voller Erfolg.

Im *Happo-En*, einem exklusiven Gartenrestaurant und bekannten ›Hochzeitspalast‹ von Tokio, sitzen etwa 700 Gäste nicht nur in dem größten Saal, sondern viele auch an Tischen in dem wunderschönen japanischen Garten, der sich gleich vor den aufgeschobenen Glastüren erstreckt.

Gut die Hälfte der Geladenen – japanische Geschäftsfreunde der Firma – genießen den für sie exotischen Abend mit Weiß-, Brat- und Bockwurst, Kasseler mit Sauerkraut und Bierbrunnen. Die anderen, Tokio-Deutsche, schwelgen in langentbehrten Heimatgefühlen.
Jetzt sind die lukullischen Freuden mit einem Schlag vergessen. Aller Augen sind zur Decke gerichtet, wo die schweren Kristallüster langsam auspendeln.
Bleich noch, hastet einer der Firmenmanager aus dem Garten in den Saal. »Musik, Musik, bitte!« ruft er der eigens eingeflogenen Schuhplattler-Kapelle auf dem Podium zu. Doch die kreidebleich gewordenen stämmigen Bajuwaren in ihren Lederhosen müssen erst die Notenblätter wieder auflesen, die durch die Erdstöße zu Boden geflattert sind.
Langsam setzt das Partygemurmel wieder ein. Doch wesentlich gedämpfter als zuvor und gar nicht mehr von Lachen unterbrochen. Die ›Alt-Japaner‹ an unserem Tisch ergehen sich in vorsichtigen Mutmaßungen über die Bebenstärke: War es 6 oder doch nur 5, wie schon mal im letzten Jahr? Und wo wohl diesmal das Zentrum gelegen hat?
Nur eine kurze Zeit ist vergangen, seit meine Bratwurst zu tanzen begann – und doch ist für mich nichts mehr so wie früher. Nicht, daß dies mein erstes Erdbeben in Japan gewesen ist. Schon seit unserer Landung auf den vulkanischen Inseln am Rande der berüchtigten ›Pazifischen Platte‹ ist mir das tückische Naturereignis vertraut. Unser erstes Erdbeben erlebten wir, als wir noch im Hotel wohnten. Seitdem gehört das ›Wackeln‹ zum Alltag. Oft schaukelt es jede Woche, manchmal sogar zweimal innerhalb weniger Tage. Dann aber bleibt es auch monatelang ruhig, um plötzlich – nach dieser unheilvollen Pause – wieder etwas kräftiger zu beben.
10 000 Erdbeben pro Jahr messen die Geologen auf

ihren empfindlichen Geräten in und um Japan. Doch nur 1000 davon werden auch von den Menschen gespürt, die meisten aber wohl verschlafen.
Keines der Beben, die wir erlebten, hatte die Gewalt dieser ›Oktoberfest-Erschütterung‹. Immer hatte es genügt, anschließend nur die verrutschten Bilder an der Wand wieder geradezurücken.
Alle 60 Jahre, so sollen Wissenschaftler berechnet haben, werde Japan von einem großen Erdbeben heimgesucht. Das letzte war 1923, als ganz Tokio nicht den Erdstößen selbst, sondern den Feuersbrünsten in ihrem Gefolge zum Opfer fiel. Rund eine halbe Million Häuser gerieten damals in Brand, und mehr als 100 000 Menschen kamen in den Flammen um.
Für 1983 hatten ängstliche Gemüter und fromme Sektierer eine Wiederholung der Katastrophe vorhergesagt. Und diesmal noch gekoppelt mit einem Ausbruch des Fuji, der sich seit 1707 nicht mehr gerührt hat. Doch so sehr wir auch bei jedem Grummeln zusammenzuckten: Das Jahr 1983 verging ohne nennenswerte Erschütterungen.
Stärke 4 – auf der japanischen Skala von 0 bis 7 – ist bisher unser Rekord gewesen. Gelernt haben wir vor allem, daß sich bei japanischer Stärke 6 kein Mensch mehr auf den Beinen halten kann. Was heißt, daß ein Beben der Höchststufe 7 das absolute Chaos auslöst.
Jetzt – kaum sind die letzten Erdstöße abgeklungen und die Festgesellschaft wieder mühsam zum Leben erwacht – ist Gerd verschwunden.
Nach etwa 10 Minuten taucht er, entspannt lächelnd, wieder auf.
»Wo bist du denn gewesen?« frage ich etwas gereizt.
»Beim Portier.«
»Beim Portier?«
»Ja, der hat ein Radio und ein Fernsehgerät in seiner

Loge. Da habe ich mich informiert, was eigentlich los war.«
»Und?«
»Stärke 5 im Raum Tokio. In einem der Wolkenkratzer-Hotels ist ein Fahrstuhl steckengeblieben, der automatisch auf ›Notstop‹ geschaltet hat. Die Insassen werden gerade befreit. Der gesamte Eisenbahnverkehr in Mitteljapan wurde unterbrochen. Die Züge stehen immer noch. Deshalb herrscht ein ziemliches Chaos auf den Bahnhöfen. Sonst sind nach ersten Erkenntnissen keine großen Schäden entstanden, nur ein paar herausgefallene Fensterscheiben. Zwei Todesfälle hat es allerdings gegeben, die wohl auf Schock zurückzuführen sind. Ich hab' schon mit der Tagesschau telefoniert. Denen reicht eine Wortmeldung. Tokio ist wohl doch erdbebensicherer gebaut, als wir geglaubt hatten.«
Gespannt, aber etwas ungläubig, lauschen die Tischnachbarn Gerds Bericht.
»Nur Stärke 5«, sagt einer. »Mir kam das wie 6 oder 7 vor.«
»Na ja«, räumt Gerd ein, »auf der internationalen Richterskala mag es ja 6 gewesen sein. Wir werden es morgen früh in der Zeitung lesen. Mich interessiert hauptsächlich, ob unsere Bücherwand noch steht!«
Jetzt springe ich auf. »Ich werde sofort zu Hause anrufen, um vor allem zu hören, wie es Marcel ergangen ist.« Unser Sohn hatte nämlich an diesem Abend die Gelegenheit der ›sturmfreien Bude‹ genutzt und alle Freunde zur Feier seines 18. Geburtstags eingeladen.
Mit ›sofort anrufen‹ war es aber nichts. Im Foyer, in dem sich sechs Fernsprecher befinden, weiß ich gleich, daß es mindestens eine halbe Stunde dauern wird. Vor jedem der Apparate steht eine lange Schlange von Partygästen, die offenbar alle das gleiche wollen.
Als ich endlich an der Reihe bin, dreht sich eine junge

Deutsche, die vor mir stand, um. »Stellen Sie sich vor«, sagt sie, »meine 14jährige Babysitterin hat unsere Kinder, die vier und anderthalb Jahre alt sind, beim ersten Beben aus dem Bett geholt und sich mit ihnen im Wohnzimmer unter den Tisch gelegt, wie sie es in der Schule gelernt hat. Aber nun schreit die Kleine wie am Spieß und will sich nicht wieder beruhigen lassen. Am besten fahren wir gleich heim.«

Marcel dagegen ist ganz ›cool‹. »Alles o. k.«, sagt er. »Ihr braucht euch keine Sorgen zu machen. Kommt also bloß noch nicht nach Hause.«

»Aber was habt ihr denn gemacht? Hat es nicht furchtbar gewackelt?«

»Na ja, war schon 'n klasse Beben. Jetzt weiß ich erst, wie diese japanischen Holzhäuschen schwanken. Aber wir sind gleich rausgelaufen auf die Wiese. War auch 'n irres Gefühl, wie der Boden unter uns zitterte!«

»Alle?« frage ich. »Waren alle deine Freunde draußen?«

»Nee, alle nicht. Die beiden Japaner Tomoaki und Hiroshi sind drinnen geblieben und haben die große Bücherwand abgestützt, die ganz gefährlich wankte . . .«

Mein Gott, denke ich, wenn die wirklich gekippt wäre, hätten die beiden Jungen sie nicht halten können und wären am Ende unter dem gewaltigen Gewicht der Bücher und Regale begraben worden!

›Lebenslang‹ für Tomoaki

Tomoaki war Marcels erster japanischer Freund und ist sein bester geworden. Kurz nach dem Einzug in unser Haus hatte Marcel beim S-Bahnhof unseres Viertels einen kleinen Schallplattenladen aufgetan, der die Platten nicht verkauft, sondern ausleiht. Für einen Schüler, der vom elterlichen Taschengeld leben muß, eine tolle Entdeckung.

Statt zum Verkaufspreis von 25,– bis 30,– Mark kann man sich für 2,50 Mark eine Platte für einen Tag leihen und sie zu Hause auf Kassette überspielen. Die Urheberrechtsprobleme der Plattenindustrie mit dieser Art von Verleihgeschäften interessieren unseren Sohn überhaupt nicht.
Dieses Verfahren bedingt bald, daß Marcel in dem Laden Stammkunde wird. Nachmittags, nach der Schule, holt er sich seine Platten dort ab, und abends spät, vor Ladenschluß um 23 Uhr, bringt er sie wieder zurück.
Sein Problem in den ersten Wochen war nur, daß keiner der Angestellten im Plattengeschäft genügend Englisch sprach, um mit ihm die Auswahl der neuesten Hits zu diskutieren.
Das änderte sich erst, als ein junger Mann namens Tomoaki, der drei Jahre älter ist als Marcel – dort als Teilzeit-Verkäufer *arubaito* fand. Mit ›Arbeit‹ bezeichnet man in Japan fast ausschließlich einen Schüler- und Studentenjob, den man ohne große Formalitäten antritt und genauso einfach auch wieder aufgeben kann. Nach einer Statistik, die ich unlängst las, hat die Hälfte aller 13–19jährigen in Tokio eine solche Nebenarbeit, um das Taschengeld aufzubessern. Alle Schnellimbißketten, viele Restaurants, Boutiquen, Tankstellen – und eben auch Plattenläden befriedigen ihren Personalbedarf auf dem *arubaito*-Markt.
Tomoaki also, Student im ersten Jahr an der berühmten Keio-Universität, spricht Englisch und wird binnen kürzester Zeit zum Hit-Berater unseres Popmusik-Fans und nach einigen Wochen auch Marcels Freund. Wann immer die beiden ihre Freizeit aufeinander abstimmen können – was bei Tomoakis *arubaito*-Verpflichtungen gelegentlich schwierig ist –, ziehen sie gemeinsam auf Entdeckungsreise durch die Riesenstadt. Doch Marcels Hoffnung, nun einen einheimischen Führer gefunden zu haben, erweist sich als verfrüht. Auch Tomoaki ist ein Fremder, der erst ein gutes Jahr in Tokio lebt.
Als Marcel seinen japanischen Freund zum ersten Mal nach

Hause mitbringt, erzählt uns Tomoaki seine Geschichte: Er stammt aus einem kleinen Dorf auf Hokkaido, der nördlichsten japanischen Insel. Sein Vater ist Fischer und besitzt ein eigenes Boot. Den Eltern war es nur unter großen Entbehrungen möglich, den Sohn auf eine private Oberschule in die Inselhauptstadt Sapporo zu schikken. Dort lernte er schon mit 16 Jahren, allein zu leben. Sein innigster Wunsch, von Sapporo aus auf die renommierte Keio-Universität in Tokio zu kommen, wurde an der Schule und in seinem Heimatdorf jedoch nur milde belächelt. Dennoch bezahlte ihm der Vater den Flug und die Hotelkosten, als sich Tomoaki für das schwierige Keio-Aufnahmeexamen anmeldete. Und wie er immer noch meint, ist ein Wunder geschehen: Als einziger von 180 Schülern aus allen Provinzen Japans, die nicht von den ›richtigen‹ Oberschulen kamen, bestand er die Prüfung.

Spontan nahmen seine Eltern einen hohen Kredit auf, um dem Sohn die Studiengebühren zu finanzieren. Seinen Lebensunterhalt in Tokio muß er sich allerdings selbst verdienen: mit *arubaito*.

»Das ist gar nicht so schwer«, sagt Tomoaki lachend, »denn seit meiner frühesten Kindheit habe ich als Student zum ersten Mal wieder viel Zeit. An unseren Universitäten gibt es nur ein Aufnahme-, aber kein Abschlußexamen mehr, in dem man durchfallen könnte. Es ist egal, was und mit welchem Erfolg man studiert. Hauptsache, man kommt von einer berühmten und angesehenen Hochschule.«

Ein paar Monate später ist Marcel bei Tomoaki zu Hause. Als er heimkommt, ist er sehr kleinlaut.

»Na, wie ist denn so das japanische Studentenleben?« will Gerd wissen.

»Tomoaki«, berichtet Marcel, »wohnt in der Nähe des Bahnhofs und des Plattenladens, also nicht weit von uns entfernt. Dort hat er in einem winzigen Haus – unten ist ein kleiner Fischladen – ein 4 Matten großes Zimmer gemietet. Das sind nicht einmal acht Quadratmeter. Es reicht für den *futon* und einen kleinen Hocker davor. Fließendes Wasser ist draußen auf dem Gang, die Toilette auch. Eine Dusche oder Bad gibt es nicht. Aber dafür ist die Bude mit 300,– Mark sehr billig für Tokioter Verhältnisse.«

Jetzt – gut drei Jahre später – sechs Monate nach Marcels unerwartet ›bewegter‹ Geburtstagsparty, ist Tomoaki zum Abendessen bei uns. Es herrscht ein wenig Abschiedsstimmung.

»Bald«, hat Tomoaki Marcel eben klargemacht, »werde ich kaum noch Zeit haben, dich zu treffen. In einem Monat ist mein letztes Semester zu Ende, dann fängt der wirkliche Ernst des Lebens an. Vor ein paar Tagen habe ich endlich meine Papiere vom Fuji-Konzern bekommen. Am 1. April beginnt dort meine Karriere als *sarariman*«, sagt er freudestrahlend.

Sararimen – Gehaltsempfänger, nennt man in Japan das Millionenheer der Angestellten, die in ihrer Einheitsuniform – blauer Anzug, weißes Hemd, dezente Krawatte – die Zentralen und Verkaufsbüros der großen Konzerne bevölkern. Sie werden noch heute meist auf Lebenszeit verpflichtet. Die Firma zu wechseln, etwa wegen eines besseren Angebots bei der Konkurrenz, ist noch immer eine sehr seltene Ausnahme.

»Für die Studenten«, sagt Tomoaki nun ernst, »ist die Wahl der richtigen Firma die schwierigste Entscheidung ihres Lebens. Besonders wenn man wie ich keine persönlichen Beziehungen in die Chefetagen der großen Konzerne hat. Man ist einzig und allein auf die Hochglanzbroschüren der Firma oder vielleicht auf den Rat eines Professors angewiesen, wenn man etwas über das Betriebsklima, die Zukunftsaussichten und damit die Karrierechancen in den Unternehmen wissen will. Und immer ist einem bewußt, daß man für das ganze zukünftige Berufsleben eine Entscheidung trifft, die kaum mehr zu korrigieren ist.

Das schöne ist nur«, jetzt lacht Tomoaki wieder, »wenn man von einer so berühmten Universität wie der Keio kommt, stehen einem alle Türen der großen Unternehmen Japans offen. Die Personalleiter bedrängen uns sogar schon vor den Einstellungstests im Oktober/November und überbieten sich gegenseitig, um möglichst viele von der Keio für ihre Firmen zu gewinnen.

Ich bin wie die meisten meiner Kommilitonen, die nicht seit Jahren immer nur eine bestimmte Firma im Auge hatten, gleich zu den Prüfungen von vier Konzernen gegangen, aber dann nur noch zu den Gesprächen in zwei Unternehmen.«

»Was für Gespräche?« will Marcel wissen. »Reicht denn die Prüfung noch nicht?«

»Also erst mal«, klärt Tomoaki auf, »sind das keine solchen Prüfungen wie an den Schulen und Universitäten, wo nur gespeichertes Wissen abgefragt wird. Die Firmenprüfungen sind eher so eine Art Charakter- und Persönlichkeitstest. Damit soll festgestellt werden, ob du in das Unternehmen paßt, dich in dessen System einfügen kannst, arbeitsam, lernbegierig, umgänglich bist.

Wenn du da gut abgeschnitten hast, wirst du zu vier bis fünf Gesprächen eingeladen. Von Stufe zu Stufe, die ganze Managerhierarchie hinauf. Vorausgesetzt, du fällst nicht bei einem davon durch, führen das letzte und entscheidende Gespräch – wie in meinem Falle – oft der Generaldirektor und der Vizepräsident des Konzerns.«

»Und die sind es, die sich neuerdings so über die schlechten Manieren der Studenten beklagen!« fällt Marcel ein.

Tomoaki schaut ihn erstaunt an.

»Hast du neulich den Bericht in der Zeitung nicht gelesen?« fährt Marcel fort. »Da haben einige Unternehmen jetzt Stewardessen der Fluggesellschaft JAL eingestellt, damit sie den Firmenneulingen Intensivkurse in gutem Benehmen, gehobener Konversation und japanischen Höflichkeitsformen geben.«

»Ach, das meinst du! Das habe ich auch gemerkt, daß in allen Unternehmen größter Wert auf korrektes Benehmen und tiefen Respekt vor Vorgesetzten gelegt wird. Sicher ist es auch richtig, daß viele Studenten, die in Japan so besonders komplizierten Umgangsformen verlernt haben. Wer mit dem Generaldirektor im gleichen Ton spricht wie mit Freunden an der Uni, braucht schon ein paar Nachhilfestunden in gutem Benehmen.«

Tomoaki schweigt einen Moment und fährt dann fort: »Die Sache mit der ›Anstellung auf Lebenszeit‹ ist nämlich nicht nur für uns schwierig. Du mußt das auch mal von der anderen Seite sehen. Mir hat man einige Male erklärt, wie groß das Risiko, eine falsche Entscheidung zu treffen, auch für das Unternehmen ist. Jeder, der angestellt wird, arbeitet rund 40 Jahre in der Firma. In dieser Zeit kostet er das Unternehmen umgerechnet etwa 3,5 Millionen Mark. Da der Fuji-Konzern in diesem Jahr 140 Hochschulabsolventen einstellt, wird also in den Tests und Interviews über eine Investition von 490 Millionen Mark entschieden.«

Jetzt klingt er schon bald wie ein Fuji-Direktor, denke ich, während ich dem aufschlußreichen Gespräch weiter zuhöre. Doch erst, als Tomoaki sich an diesem Abend verabschiedet, wird mir klar, wie sehr er sich – auch äußerlich – verändert hat. Da ist kaum noch etwas von dem sorglosen Studenten und ›Musikberater‹, als den Marcel ihn kennengelernt hat. Keine Jeans, kein Sporthemd, keine Turnschuhe wie früher. In feingebügelter blauer Hose, schwarzen Schuhen, weißem Hemd steht er vor mir. Nur daß der Kragen offen ist und das blaue

Jackett fehlt, unterscheidet ihn noch vom etablierten *sarariman*.

Hiroshi, ›der Genießer‹

Ein paar Tage später kommt Hiroshi vorbei, der zweite Japaner in Marcels Freundeskreis. Ihn lernte er kennen, als Hiroshi noch in die Waseda-Oberschule ging und selbst abends oft in der schwarzen, hochgeknöpften Schuluniform bei uns erschien. Anders als bei Tomoaki verlief Hiroshis Werdegang ohne jede Probleme, wie wir bald wußten. Seine Eltern sind wohlhabend und arriviert. Der Weg des Sohnes durch das Erziehungssystem wurde deshalb sorgfältig von frühester Kindheit an geplant. Kosten spielten keine Rolle. So war es für ihn nicht mehr als eine turnusgemäße Versetzung, den Sprung auf die so heiß umkämpfte Waseda-Universität zu schaffen.
»Wer praktisch ›aus dem Hause‹ kommt«, hatte er damals unsere Glückwünsche abgewehrt, »für den ist das Examen keine große Sache mehr.«
Nun ist er also seit einem Jahr Waseda-Student und hat so wenig Ahnung von dem, was er werden möchte, wie von dem, was er studiert.
»Kunst, Literatur, Musik«, antwortete er strahlend, als wir ihn einmal nach seinem Studium fragen. »Wissen Sie, ich orientiere mich an der alten Tradition der Waseda«, fügt er selbstbewußt hinzu. »Vor dem Krieg war das die Universität für Schöngeistiges. Von ihr kamen viele Schriftsteller, Komponisten und Maler. Heute ist das anders. Es steht einem dort alles offen. Deshalb bin ich auch lieber mit dem Uni-Baseball-Team unterwegs oder auf dem Tennisplatz, als im Hörsaal zu sitzen.«
Hiroshi ist ganz offensichtlich ein Musterexemplar jener japanischen Jugend von heute, mit der sich Eltern, Leh-

rer und Zeitungen seit ein paar Jahren ohne Unterlaß auseinandersetzen. Die erste Generation von Japanern, die ohne Skrupel darauf aus ist, die Früchte des Wirtschaftswunder-Wohlstands, für den ihre Eltern so entsagungsvoll geschuftet haben, zu genießen.

In einer Gesellschaft, in der finanzielle und moralische Werte jahrhundertelang das Maß aller Dinge waren, die eingeengt ist von mehr Zwängen und Konventionen als jede andere, wollen die Jugendlichen den Erfolgsdruck abstreifen und einfach für das Heute leben, und sei es auch nur während der Jahre zwischen Oberschule und Beruf.

Immer mehr ältere Japaner zweifeln daran, daß es dieser Jugend möglich sein wird, die ›Leistungsmaschinerie‹, die Japan groß gemacht hat, in Gang zu halten.

Doch Zeitungskommentatoren beruhigen die verunsicherte Öffentlichkeit: Das ist noch keine Rebellion – beileibe nicht! –, sondern nur eine Änderung der Einstellung. Dabei dürfte zumindest den Bürgern von Tokio die Veränderung der Jugendszene kein Geheimnis mehr sein.

Seit etlichen Jahren nämlich sperrt die Polizei an jedem Sonntagnachmittag ein ganzes Viertel für die Teens und Twens, die dort ihren Eltern die ausgeflippte Generation demonstrieren. Die Gegend heißt Yoyogi-Park. Sie liegt gleich hinter dem Schrein des Reformkaisers Meiji und nur einen knappen Kilometer von Harajuku entfernt, wo Hunderte von Modeboutiquen hinter dem Taschengeld der jungen Japaner her sind.

Jedem Besucher von Tokio, der einen Einheimischen fragt, wo denn in der Stadt sonntags etwas los sei, wird ›Yoyogi-Park‹ als heißer Tip gegeben. Wer – wie wir es einige Male schon taten – das Viertel mit seinem Auto oder einem Taxi ansteuert, muß den Wagen schon bald stehenlassen. Von Sonntagmittag bis nachmittags um 5 ist

die Omote Sando, der sechsspurige Prachtboulevard, der von Harajuku nach Yoyogi führt, für den Autoverkehr gesperrt. Dann schlendern nur noch Tausende von jungen Menschen über die Straße und haben als Akteure oder Zuschauer nur ein Ziel: den Park.
Viele haben das Elternhaus noch brav in der dunklen Schuluniform oder der gepflegten Sonntagskleidung höherer Töchter und Söhne verlassen – eine unauffällige Tasche oder Einkaufstüte in der Hand. Auf den Toiletten der U-Bahnhöfe, kleiner Cafés oder spätestens hinter den Büschen des Yoyogi-Parks wechseln sie dann die Kleidung, legen grelle Schminke auf, stylen und färben sich das Haar.
Total verwandelt tauchen sie wieder auf: als Popper, Punks und Freaks oder in den rüschenverzierten Petticoats der Rock'n'Roll-Ära.
Vor uns steht jemand kopf. Er meditiert gerade im Yogastil. Keinen Meter daneben tanzt eine Miniberockte, mit schwarzem Ledertop und rotgefärbtem Haar, ein Solo nach ›Madonna‹-Musik‹. Ihre Freunde hocken vor den Lautsprecherboxen am Boden und klatschen den Takt.
Unter einem riesigen, pilzförmigen Baum, der wie ein Zelt die ›Blumenkinder‹ vor der Sonne schützt, tanzen und hüpfen Mädchen in bunten Kimonos und Rüschenkleidern nach klassischer Musik.
Auf dem Asphalt der autolosen Straße verrenkt sich eine Gruppe 17jähriger: die Knabengesichter hinter schwarzen Sonnenbrillen verborgen, in der Kleidung einer Al-Capone-Gang aus dem Chicago der 20er Jahren. Den Rhythmus liefert eine tragbare Stereoanlage, Ladenpreis umgerechnet 4000,– Mark.
Säuberlich auf dem Trottoir verlegte Linoleumplatten sind die Bühne, auf der sich ein Dutzend 15–16jähriger im Break-Dance übt. Und am Ende des gesperrten Boulevards hängen riesige Lautsprecherboxen und Verstär-

kerkästen an Bäumen, unter denen eine Hardrock-Band junger Hobbymusiker ein Gratiskonzert gibt. Den Strom für ihre Beschallungsanlage und ihre elektronischen Instrumente liefert ein mitgebrachter Generator.
Zwischen Tanzgruppen und Skateboard-Artisten, die auf frisierten Brettern durch das Festival der Laien-Akteure flitzen, flanieren Tausende älterer Zuschauer und jüngere Möchtegernkünstler, die noch Anschluß suchen.
Seltsam abwesend ist das sonst überall so wache Auge der Polizei. Die begnügt sich offenbar allein damit, den Jugendlichen ihren Sonntagsnachmittagsspielraum durch Verkehrsumleitungen zu sichern. Und sie hat mit der Methode ›lange Leine‹ Erfolg: Im Yoyogi-Park wird nicht mit Rauschgift gehandelt. Dort terrorisieren keine Rockerbanden friedliche Passanten, und auch unter den vielen Gruppen der Aktiven hat es selten Streit gegeben.
Die Teenager, die ein Universitätsprofessor neulich ›verwöhnte Bälger, die noch nicht einmal mit Eßstäbchen umgehen können‹, nannte, schaffen keine öffentlichen Probleme. Für ein paar Stunden nur sind sie dem Druckkochtopf japanischer Normen entkommen, um Dampf abzulassen.
Als störend werden die ›Aussteiger auf Zeit‹ vor allem im Familienkreis empfunden und an den Schulen, in denen die Devise ›nur nicht auffallen‹ und ›nicht aus der Reihe tanzen‹ oberstes Gebot ist. Genau dort betreibt Tokios Polizei ihr ›Früherkennungs- und Warnprogramm‹.
Marcels Freund Hiroshi brachte vor Monaten, als er noch zur Schule ging, einmal ein Flugblatt mit, das Ordnungshüter bei einem Elternabend verteilt hatten. ›Rechtzeitig Abweichungen von der Norm erkennen‹ hieß der Titel. Und: ›Wissen Sie, wie Ihre Kinder sich kleiden?‹ Danach wird – getrennt für Mädchen und Jungen – an zwei Abbildungen erklärt, was sich nicht gehört und als Alarmzeichen gewertet werden sollte. (Siehe Seite 179/180)

Wissen Sie, wie Ihre Kinder sich kleiden?

Mädchen:

1. Helles Make-up, künstliche Wimpern, Lidschatten, Lippenstift oder/und -Gloss
2. Magnetische Ohrringe
3. Hochgestellter Kragen
4. Offene Jacke, darunter rotes T-Shirt
5. Brandnarbe von Zigarettenglut (zeigt Härte!)
6. schlampiger, langer Rock mit ungebügelten Falten
7. Bunte Strumpfhose
8. Geföhntes oder streng nach hinten gebürstetes Haar
9. Rasierte Augenbrauen
10. Kein Schulabzeichen
11. Statt dessen dekorative Plakette
12. Aufgerollte Ärmel
13. Große Sicherheitsnadel
14. Ring
15. Schlüsselring mit Disco-Mitgliedskarte
16. Flickentasche für Kleidung zum Umziehen und kleine Bonbondose f. Zigaretten.
17. Turn- oder Leinenschuhe

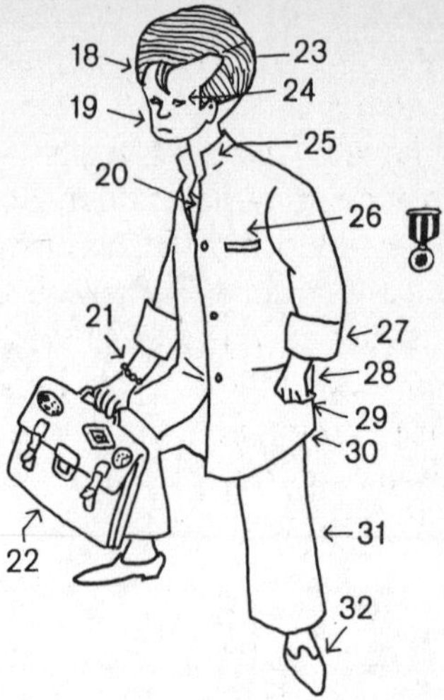

Jungen

18. Stirnlocke
19. Dünner Schnurrbart (wenn schon Bartwuchs vorhanden)
20. T-Shirt in grellen Farbtönen (meist rot)
21. Ketten-Armband
22. Verschlissene, leere Schultasche
23. Scharfkantig rasiertes Haar an den Schläfen
24. Rasierte Augenbrauen
25. Kein Schulabzeichen
26. Statt dessen dekorative Plaketten
27. Aufgerollte Jackenärmel
28. Absichtlich beigebrachte Brandnarbe von Zigaretten, um Härte zu demonstrieren
29. Ring
30. Weite Jacke, nicht zu lang
31. Lange Hose, die fast die Füße bedeckt
32. Schwarze Lackschuhe (dürfen nur die Anführer einer Bande tragen)

Diese Illustration und Liste ist aus einer Polizeibroschüre und soll zeigen, woran man einen Delinquenten erkennen kann.

Da haben also offensichtlich Polizeispäher im Yoyogi-Park erkundet, was bei den Jugendlichen ›in‹ ist und deshalb ›out‹ sein sollte.
Hiroshi und Marcel, die sich übrigens vor ein paar Jahren im Yoyogi-Park beim gemeinsamen Reparieren der Stereoanlage einer Mädchen-Tanzgruppe kennenlernten, haben heute ganz andere Sorgen. Sie brauchen Geld. Mehr Geld, als sie zu Hause loseisen können. Abende in der Disco sind teuer in Tokio. So haben sie schließlich zusammen *arubaito* in einer Eisdiele angenommen. Der Job hat in ihren Augen nur einen Nachteil: Sie müssen die Firmenuniform tragen.

Mit dem ›Shogun‹ im Geisha-Haus

»Warst du schon mal mit einer Geisha aus?« Diese Frage wurde Gerd anfangs bei jedem Deutschlandbesuch von Freunden und Bekannten gestellt. Und lange mußte er sie enttäuschen: Er war noch nicht. Bis wir den neugierigen Fragestellern von einem einschlägigen Erlebnis berichten konnten, dauerte es zwei Jahre.
Es ist nicht verwunderlich, daß die Geishas – vor allem in den Augen europäischer Männer – als Inbegriff des ›Wohllebens à la Japan‹ gelten. Schon die frühen Japanreisenden hatten, sofern sie nicht asketische Mönche waren, die weißgeschminkten Frauengestalten mit dem kunstvoll gekämmten hochglänzenden Haar, dem seidenen Kimono, zum schillernden Markenzeichen des fernen Inselreiches gemacht. Geishas und Japan, das gehörte so unzertrennlich zueinander wie Elfenbein und Afrika. Und selbst noch nach dem Zweiten Weltkrieg taten die amerikanischen Bezwinger Japans – z. B. mit Hollywood Filmen wie DAS KLEINE TEEHAUS – das ihre dazu, die liebliche und stets verfügbare Geisha zum Inbegriff des *Japan way of life* zu machen. Waren sie alle, die alten wie die jüngeren Geisha-Fans, einem Irrtum verfallen? Sind so, wie sie von Ausländern verzeichnet werden, Japans Geishas in Wirklichkeit?
Ich begann mich ernsthaft für das alt-japanische ›Gewerbe‹ zu interessieren. Als erstes erfuhr ich, daß die Geishas immer seltener werden. Nur 24 000 gibt es heute

noch in ganz Japan, knapp anderthalbtausend in Tokio. Richtige, echte Geishas! Ihre Zahl schrumpft vor allem deshalb, weil inzwischen auch japanische Mädchen, die ins Vergnügungsgewerbe drängen, es bequemer finden, sich als Bar-Hostessen zu verdingen. Dazu brauchen sie keine jahrelange Ausbildung, keine eiserne Disziplin und keine teure Kimono-Ausstattung, keine Perücken, Kämme und Musikinstrumente, ohne die eine echte Geisha nicht auskommt. Sie brauchen nicht die in Jahrhunderten gefestigte Vorstellung von der Berufsehre der Geisha zu beachten, um im Cocktail-Fummel in einem Nachtlokal – und manchmal auch noch danach – ein paar Geschäftsleute bei ihren Abendvergnügungen ›anzumachen‹.

Was aber sind Geishas? ›Person der Künste‹ – oder ›Künstlerin‹ – lautet die wohl treffendste Übersetzung des Wortes ›Geisha‹. Und vielerlei Künste haben die Mädchen tatsächlich zu erlernen, die früher mit 8–10 Jahren anfingen und heute mit 15–16 die Geisha-Lehre beginnen.

Tanz und Gesang sowie die Beherrschung der *shamisen* – der japanischen Laute – werden verlangt. Von den Tee-Zeremonien bis zur Kunst des Blumensteckens – Ikebana – reicht das Lehrprogramm. Aber auch eine umfassende Allgemeinbildung gehört dazu, die es der Geisha ermöglicht, sich selbst an anspruchsvollen Unterhaltungen ihrer Kunden unaufdringlich zu beteiligen oder – wenn es angebracht scheint – auch vielsagend zu schweigen. Doch das Schweigen darf nicht allzu lange dauern. Eine gute Geisha hat es gelernt, tote Punkte in der Unterhaltung durch den Vortrag selbstverfaßter oder bekannter Gedichte zu überbrücken und steife Kunden durch allerlei lustige Gesellschaftsspiele aufzulockern.

Kein Wunder, daß die Lehrzeit junger Mädchen in den traditionellen Geisha-Häusern 10 oder mehr Jahre dau-

Tokio-Geisha im Festtagskimono.

erte, ehe sie ausgereifte Unterhaltungskünstlerinnen wurden. Eine Zeitspanne, die durch die längere Schulpflicht im modernen Japan zwangsläufig drastisch reduziert wurde.

Nicht geändert hat sich hingegen bis heute der mühsame Aufstieg einer ›fertigen‹ Geisha über mehrere Karrieresprossen. Oft dauert es Jahre oder Jahrzehnte, bis sie eine ›Geisha ersten Ranges‹ wird. Damit erhält sie endlich das Spitzengehalt, das den kostspieligen Ausstattungsaufwand annähernd deckt. Das aber nicht etwa, weil sie eine höhere Gage erhielte – alle Geishas werden nach dem gleichen Tarif bezahlt –, sondern weil sie öfter verlangt wird.

Vorbei sind allerdings die Zeiten, da sich Geisha-Häuser und exklusive Abendrestaurants ihre eigenen Unterhaltungskünstlerinnen hielten. Dazu sind heute die Preise zu hoch und die Kunden zu rar, die sich den Luxus einer Geisha-Party leisten können. Die Damen werden vielmehr von dem Lokal auf Bestellung der Kunden bei der örtlichen ›Geisha-Gewerkschaft‹ angefordert, einem Vermittlungsbüro, dem ›Mutterhaus‹, wo sie auf ihre Einsätze warten.
Bezahlt und verrechnet wird die Dienstleistung der Geisha stundenweise, obgleich das Wort ›Stundenlohn‹ so gar nicht zu dem kulturell so angesehenen Stand dieser Damen paßt. Von den Geishas und ihrer Agentur wird es deshalb auch nicht akzeptiert. Sie errechnen die Dienstzeit – in ganz traditionellem Sinne – immer noch durch das Addieren von Stäbchen. Gemeint ist die Zeit, in der ein Räucherstäbchen abgebrannt ist. Das dauert 15 Minuten. Zwei Stunden Geisha-Service werden also heute noch als ›8 Stäbchen‹ berechnet. Das war ihr Zeitmaß, als um 1700 die Geisha-Kultur in Japan entstand. Allerdings waren da die ersten Geishas noch männliche Unterhalter.
Als ein halbes Jahrhundert später auch Mädchen zu ›Personen der Künste‹ wurden, verbannte eine strenge Regierung sie gleich in die amtlich lizensierten Bordellviertel der Großstädte. Doch neben den verschiedenen Rängen der Prostituierten und Kurtisanen nahmen die Geishas sofort eine Sonderstellung ein: Sie wurden gerufen, um hohe Gäste und ihre Mätressen mit Gesang, Tanz und Lautenspiel zu unterhalten. Die Feststellung ›Eine Geisha verkauft ihre Kunst, nicht aber ihren Körper‹ hat sich bis heute in allen einschlägigen Beschreibungen der Geisha-Szene erhalten.
Genauso bemerkenswert ist, daß sich die Geishas, auch im modernen Vergnügungsgeschäft Japans mit seinen

zigtausend Bars, Cabarets und Night-Clubs, noch immer behaupten. Sie bieten eben mehr als bloß Jugend und Schönheit. Aus diesem Grund können selbst in dieser schnellebigen Branche nur Geishas sich fast ein Leben lang halten.

Einige der begehrtesten ›Kunst-Personen‹ Tokios, ›Geishas ersten Ranges‹, sind in der Alterklasse von 40 bis 55 zu finden.

Die wenigsten kommen jedoch auf der Karriereleiter nach oben, ohne die Förderung eines Mäzens. Dieser stammt im Idealfall aus dem Kreis der mächtigen Industrie-Bosse oder der einflußreichen Politiker Japans, die durch die private Förderung einer ›Kunst-Person‹ die kulturellen Traditionen des Landes zu pflegen vorgeben. Sie haben dadurch den Vorteil, auch außerhalb des Hauses – in dem die *okusan*, die Ehefrau, herrscht – die exklusive Gesellschaft eines kultivierten und gebildeten weiblichen Wesens zu genießen.

Zu ihrem *danna*, Patron, unterhält die Geisha spezielle gefühlsmäßige und sexuelle Beziehungen. Im Gegenzug wird sie oft mit einem Luxusappartement und einer reichen Ausstattung teuerster Kimonos belohnt.

Ein gutsituierter Patron fördert aber auch das Geschäft. Er kann ›seine‹ Geisha prominenten Geschäfts- oder Parteifreunden empfehlen, die dann meist zu Stammkunden der ›Künstlerin‹ werden, wenn sie – zu Lasten ihrer hohen Spesenkonten – Geisha-Partys veranstalten.

Zur Politik und bedeutenden Politikern haben die Geishas seit mehr als einem Jahrhundert enge Beziehungen. Es waren Oppositionelle, die sich, noch vor der Meiji-Reform von 1868, besonders gern unter der Tarnung anspruchsvollen Vergnügens in Tee- und Geisha-Häusern trafen, um ihre Komplotte zu schmieden. Auf das Schweigen der Geishas konnten sie sich verlassen. Und deshalb haben auch heutige Parteipolitiker die Gepflo-

genheit beibehalten, in angenehmer Abendgesellschaft politische Schachzüge vorzubereiten.
Das Bar- und Restaurant-Viertel des Tokioter Stadtteils Akasaka gilt heute als der ›Spielplatz‹ der langjährigen Regierungspartei LDP.
Ist die Geisha also die moderne Japan-Variante der Madame Pompadour am Hofe Ludwig XV.? Sie würde auch zu einer solchen Frage, lächelnd und wissend, schweigen.

Hardy Krügers Freund lädt ein

An einem warmen Maiabend sind wir mit einigen von Gerds Kollegen in Akasaka zum Essen verabredet. Später bummeln wir noch bis Mitternacht an den unzähligen Restaurants, Bars und Clubs vorbei und haben Mühe, die kleine Seitenstraße wiederzufinden, in der unser Auto steht.
Auf dem Weg dorthin bleiben wir an einer nur schwach beleuchteten Straßenecke stehen. Es ist auffallend ruhig hier und weit und breit kein Mensch zu sehen. Vor uns befindet sich eine lange, über zwei Meter hohe, mattschwarz gestrichene Holzwand, deren Bretter so nahtlos verfugt sind, daß kein Spalt einen Lichtschimmer aus dem Inneren des Hauses durchläßt. Am Ende der Wand führen zwei Stufen aus Naturstein zu einem Eingang, der unter dem tiefgezogenen Dach kaum zu erkennen ist.
»Das ist«, sagt Gerd, »eines der exklusivsten Geisha-Häuser Tokios. Schon vor Jahren, als ich zum ersten Mal in Akasaka war, erklärte mir ein Tokio-Kenner, daß hinter dieser schwarzen Bretterwand hohe Politik gemacht wird. Hier verkehren Spitzenpolitiker der Regierungspartei, um bis weit in die Nacht hinein in Gesellschaft der teuersten Geishas ihre Strategien zu planen. ›Normalbürger, selbst

mit dickgepolsterten Brieftaschen‹, erzählte man mir damals, ›haben kaum eine Chance, über diese Schwelle zu treten.‹«

Es gehört schon viel Phantasie dazu, sich hinter dieser einfachen Fassade ein exklusives Geisha-Haus vorzustellen.

Einige Wochen nach unserem Nachtbummel durch Akasaka findet Gerd ein Telex aus Los Angeles in seinem Büro vor. Absender: der Schauspieler Hardy Krüger.

Er plant einen längeren Japanbesuch. Ob wir uns wohl einmal treffen und ihm Tokio zeigen könnten? Von Tokio aus wolle er dann mit der Transsibirischen Eisenbahn durch die Sowjetunion nach Deutschland reisen.

Monate später sitzen wir in unserem Haus beim Abendessen und stellen zu unserer Überraschung fest, daß Hardy und seine junge Frau den größten Teil von Japan schon gesehen haben. Sie haben Kyoto besichtigt und Nara, haben einige Tage in einem abgelegenen Zen-Kloster verbracht und kaum einen Tempel oder Schrein der ›großen Japan-Rundreise‹ ausgelassen. Nun wollen sie den Alltag in der Großstadt Tokio erleben.

Am nächsten Morgen, einem Samstag, sind wir auf dem Flohmarkt in Harajuku. Hardy begutachtet gerade einen Stapel alter *Imari*-Teller, als er sich plötzlich umdreht: »Fast hätte ich es vergessen. Wir sind übermorgen bei einem Hollywood-Kollegen und guten Freund von mir eingeladen, und Sie ebenfalls. Wir sollen«, fügt er lachend hinzu, »ganz leger kommen.«

Pünktlich, am Montag abend um 6, stehen wir in der Hotelhalle und warten auf Hardy und Anita. Aufmerksam beäugt uns ein junger Japaner, der fast gleichzeitig mit uns in einem großen Mercedes vorgefahren war. Nach kurzem Zögern kommt er auf uns zu und stellt sich vor: »Ich bin Shiro Mifune. Ich freue mich, daß Sie die Einladung meines Vaters angenommen haben.«

In diesem Augenblick treten Hardy und Anita aus der Fahrstuhltür.
»Nun ist unsere kleine Gesellschaft ja fast vollständig«, sagt Mifune junior strahlend. »Ich möchte Sie jetzt gern zu meinem Vater bringen.«
Anita setzt sich zu dem jungen Japaner ins Auto, Hardy fährt in unserem Wagen mit. Während Gerd Mühe hat, in dem dichten Verkehr Shiro Mifune zu folgen, erklärt Hardy Krüger uns: »Shiros Vater ist einer der berühmtesten Schauspieler Japans, wie ihr sicher wißt. Ich habe in Hollywood ein paarmal zusammen mit ihm vor der Kamera gestanden, und wir sind echte Freunde geworden. Weltruhm erlangte Toshiro Mifune, als er in der Verfilmung des berühmten Romans von James Clavell die Titelrolle spielte, den ›Shogun‹.«
Draußen beginnt es schon zu dämmern. Nun wird es nur noch wenige Minuten dauern, bis der Himmel über Tokio nachtschwarz ist. Das ist auch an den längsten Sommertagen so: Um 19 Uhr bricht die Dunkelheit herein. Nur die pausenlos aufflammenden Leuchtreklamen huschen an uns vorbei und erhellen die hohen, grauen Häuserfassaden.
Mifune junior biegt jetzt langsam in eine schmale Seitenstraße ein und hält gleich darauf an.
Wir stoppen hinter ihm, und Gerd ist verblüfft, als er im Halbdunkel eine lange schwarze Bretterwand erkennt.
»Das ist doch . . .«, murmelt er. Und dann sagt er laut: »Das wird bestimmt ein interessanter Abend!«
Wir stehen wieder vor dem berühmtesten Geisha-Haus in Akasaka. Durch die halb offenstehende Tür dringt das warme Licht einer Reispapierlampe.
Mifune junior wird von einer Geisha wie ein alter Bekannter empfangen. Als wir gerade auf den hochglanzpolierten Holzdielen unsere Schuhe abgestellt haben, öffnet sich eine papierbespannte Schiebetür im Gang.

Umrahmt von zwei anderen Geishas steht er strahlend vor uns: der ›Shogun‹, Toshiro Mifune. In weinroter Samtjacke und ohne Krawatte. Leger, wie verabredet. Herzlich begrüßt er seinen alten Freund Hardy Krüger und Anita. Dann stellt der Sohn auch uns dem Vater vor, und die Geisha ›Frühlingsblume‹ führt uns alle in den *tatami*-Raum. Auf dem Boden nehmen wir Platz. Jeder in einem eigenartigen Gestell aus Rosenholz. Es sieht aus wie ein beinloser Sessel, gepolstert mit Kissen aus zartrosa Seide. Die Füße verschwinden in einer Vertiefung unter dem flachen, dunkelgelackten Tisch.
Sechs Gäste – drei Geishas!
›Frühlingsblume‹ im leuchtendblauen Kimono und dem hellen *obi* rückt dem ›Shogun‹ die Kissen zurecht. Dann hilft sie Anita in ihren Sitz. Gerd unterhält sich bereits angeregt mit ›Chrysantheme‹. Die Geisha hört ihm aufmerksam zu und bewegt dabei sanft mit ihrem Goldblumenfächer die feuchtwarme Luft.
›Perlenzweig‹, meine Tischdame, scheint mit etwa 45 die jüngste der drei Geishas dieses Abends zu sein. Sie trägt einen apfelgrünen Kimono mit hellgelben Streifen und einen rot-weißen breiten Gürtel aus schwerer Seide. Ihr Gesicht wird von einem gewaltigen, tiefschwarzen ›Turmbau‹ umrahmt: einer glänzenden, kunstvoll gesteckten Perücke, die eine große silberne Haarnadel ziert. Die wenigen bloßen Hautstellen, Hals, Nacken und Hände, sind mit einer dicken weißen Puderschicht bedeckt. Auch das Gesicht. Es sieht wie eine Maske aus. Grellrot leuchten nur die schmalen, in scharfen Konturen getuschten Lippen. Ihre Augen sind rötlich ummalt mit rosaschimmerndem Lidschatten, was besonders erotisierend wirken soll.
›Chrysantheme‹ gießt Hardy noch Sake ein, und jetzt hebt der ›Shogun‹ seinen Becher. »*Kampai*«, prosten wir uns zu, und Toshiro Mifune heißt uns alle noch einmal

willkommen. Danach erzählt er von seiner Filmarbeit mit Hardy in Hollywood und erwähnt dann, daß sein Freund Krüger auch als Buchautor erfolgreich ist. Als er auf Hardys eben erschienenes Buch zu sprechen kommt, stockt der ›Shogun‹. Ihm fällt der Titel nicht mehr ein. Während er sich fragend im Kreis umschaut, lächelt ›Frühlingsblume‹ ihn an. »Sie meinen sicher ›Junge Unrast‹«, sagt sie. Ich bin erstaunt. Woher kennt die Geisha das Buch? Sie hat die Krügers doch nie zuvor gesehen!

Im Laufe des Gesprächs stelle ich fest: Auch über Gerds Fernseh-Arbeit in Japan und Deutschland wissen die Geishas genau Bescheid. Sie kennen seine ›Weltspiegel‹-Filme und sogar die Titel einiger Dokumentationen aus seiner Zeit in Amerika. Sie sind auf diesen Abend gut vorbereitet. Ich frage mich nur, woher sie diese in Japan doch sicher schwer zu erhaltenden Informationen haben.

Fast lautlos öffnet sich nun die Schiebetür. Drei jüngere, hübsche Mädchen in pastellfarbenen Kimonos reichen jedem von uns auf rotschwarzen Lackschalen feuchte heiße Stoffservietten. Auf farblich passenden Lacktabletts bringen sie dann hellblaue Porzellanschalen, die wie weitgeöffnete Tulpenblüten geformt sind. Darin sind allerlei süßsauer eingelegte Gemüsestreifen, mit winzigen eßbaren gelben und weißen Blümchen dekoriert.

Noch zögere ich, denn es fällt mir schwer, dieses Kunstwerk zu zerstören. Doch ›Perlenzweig‹ nimmt mir die Entscheidung ab. Sie führt mir mit den Stäbchen bereits den ersten Bissen zum Mund. Ein komisches Gefühl, wie ein kleines Kind gefüttert zu werden!

»Wollen wir uns weiter Englisch unterhalten, oder ist Ihnen Französisch lieber?« fragt ›Perlenzweig‹ dann. »Es tut mir leid, ich kann nur wenige Worte Deutsch.«

Um so mehr versteht sie von deutschem Wein. Als das erste Glas serviert wird, hält sie mir einen kleinen Vortrag

über die Vorzüge des Frankenweins: Wie gut er zum heutigen Essen passe und wie beliebt – aber selten – dieser Wein in Japan sei.
Überrascht von so viel Sachkenntnis blicke ich sie an, während sie so angeregt plaudert. Mit einem Mal ist ›Perlenzweig‹ nicht mehr so unnahbar, wie sie mir anfangs schien.
War es etwa nur das maskenhafte weiße Make-up, das mich zu diesem – wie ich jetzt weiß – falschen Eindruck kommen ließ?
»Fragen Sie ruhig, wenn Sie mein Beruf interessiert«, ermuntert sie mich nun und reicht mir ein paar Happen rohen Fisch vom Tablett.
Wie lange sie sich denn für den heutigen Abend zurechtgemacht habe, möchte ich gern wissen.
»Es hat schon ein bißchen gedauert«, antwortet sie mit der typisch japanischen Bescheidenheit und erzählt ausführlich, wie sorgfältig allein die Grundierung aufgetragen werden muß: »Mit der ersten Schicht, einer weißen Schminke, wird die Haut zunächst überzogen, dann wird sorgfältig Puder aufgetragen. Bis endlich auch das Gesicht fertig geschminkt ist, die Perücke richtig sitzt, der lange *obi* über dem Kimono kunstvoll gebunden ist, vergehen noch einmal Stunden.«
Während uns das Dessert serviert wird – es gibt dampfende Birnenäpfel in Teig –, flammt an der Stirnseite des Raums über einer Empore ein Scheinwerferlicht auf. Zwei Geishas kommen mit zierlichen Trippelschritten herein und nehmen im Lichtkegel mit tiefen Verbeugungen auf der Empore Platz. Während die eine nun die *shamisen* – das altjapanische Saiteninstrument – stimmt, ist an unserem Tisch die Unterhaltung erstorben.
Erwartungsvoll lehnen sich die Herren Mifune und unsere Geishas zurück. Sie wissen – wir ahnen es nur –, daß dies der Höhepunkt des Abends ist.

Zu den für westliche Ohren so fremden, zarten Klängen der *shamisen* beginnt nun die andere Geisha zu tanzen. Für große Schritte läßt ihr der enggewickelte Kimono keinen Platz. So besteht ihr ›Tanz‹ mehr in sanften Bewegungen der Glieder und sorgfältig einstudierten Posen. In ihrem weißgeschminkten Gesicht bewegen sich nur die Augen mit. Dazu singt nun die *shamisen*-Spielerin, gelegentlich unterbrochen von seltsam spitzen Schreien der Tänzerin, die uns wie schrille Antworten auf unverständliche Fragen anmuten.

Doch das alles muß so wunderbar auf japanische Augen und Ohren wirken, daß der Vortrag der beiden Geishas immer wieder von lebhaftem Beifall unserer Gastgeber unterbrochen wird.

Jetzt müßten doch endlich die ›neckischen Spiele‹ beginnen, denke ich, die in eben diesen vielsagenden Anführungszeichen in keiner Beschreibung der Geisha-Party fehlen und die mir bisher noch keiner erklären wollte. Oder fallen sie heute wegen Damenbegleitung aus? Nur Mifune-san scheint das Programm zu kennen: Er gibt ›Frühlingsblume‹ ein Zeichen:

Die Geisha nimmt ein Stück Reispapier und spannt es über ein gefülltes Wasserglas. In die Mitte dieses ›Deckels‹ legt sie ein Geldstück. Nacheinander sollen wir nun mit einer glühenden Zigarette Löcher in das Papier brennen, ohne daß die Münze ins Glas fällt.

Bald ist das Papier nur noch ein dünnes Gitterwerk, und die Geishas bejubeln jeden, der es fertigbringt, das Geldstück in der Schwebe zu halten.

Voller Spannung erwarten wir das nächste Spiel: Ein randvoll gefüllter Sake-Becher wird im Kreis herumgereicht. Es muß allen gelingen, noch einen weiteren Tropfen Reiswein daraufzugießen. Der Becher darf nicht überlaufen.

Manche zögern, fürchten die Niederlage. Ein paarmal

macht der Sake-Becher die Runde. ›Chrysantheme‹ feuert Hardy an. Er gießt ein paar Tropfen hinein – nichts schwappt über. Die Oberfläche ist längst gewölbt, das Weiterreichen wird zum Problem.
Nun steht der Sake-Berg vor mir. Der Kampfgesang der Geishas wird immer lauter. Ich greife zur Flasche – ein Tropfen! – und habe verloren. Der Sake läuft über. Zur Strafe muß ich den Becher austrinken.
›Frühlingsblume‹ bemalt jetzt ein Ei mit einem schwarzen Punkt. »Das Ei werde ich nun drehen, und vor wem der Punkt stehenbleibt, der singt bitte ein Lied«, erklärt die Geisha.
Der ›Shogun‹ und sein Sohn sind von dieser Idee begeistert und prosten uns aufmunternd zu, als sie unsere erschrockenen Gesichter sehen.
»Nur Mut!« meint Gerd und blickt mich etwas gequält dabei an. Er hatte sich die ›Spielchen‹ wohl ganz anders vorgestellt. Oder hat er kein Lied parat?
Als der schwarze Punkt auf Hardy zeigt, ändert der abrupt das ›Abendprogramm‹: Er nimmt das Ei in die Hand, klopft es kurz auf und trinkt es aus.
Für einen Moment herrscht Schweigen im Raum. Dann brechen die Geishas in schallendes Gelächter aus, spenden Hardy begeisterten Applaus, und sofort fällt ihnen etwas Neues ein: Sie zerreißen Papier geschickt in Streifen, so daß daraus bestimmte Buchstaben entstehen. Diese sortieren sie nebeneinander auf dem langen Tisch. ›Himmel und Hölle‹ lesen wir und sind gespannt, was sie nun mit uns vorhaben . . .
Ob sie diese Spiele heute abend nur für uns vorbereitet haben, möchte ich gern von ›Perlenzweig‹ wissen.
»Haben wir uns nicht alle sehr amüsiert?« fragt sie zurück. »Wir unterhalten unsere Gäste meistens so. Bei solchen Gesellschaftsspielen sind alle sehr engagiert – auch ohne eine gemeinsame Sprache zu sprechen. Jeder ist von

seinen Alltagsproblemen abgelenkt, und so werden Spannungen abgebaut. Einen Verlierer gibt es selten. Und wenn, dann wird er, wie Sie eben, mit Sake belohnt.«

›Chrysantheme‹ ist nun aufgesprungen. Sie bittet uns alle, an einer Seite des Tisches zusammenzurücken.

Aus dem weiten Ärmel ihres Kimonos zaubert sie einen Fotoapparat hervor. »Ein Erinnerungsfoto! Es ist so ein wunderschöner Abend«, sagt sie strahlend.

Ja, denke ich, er hat sehr nett angefangen, und will mich gerade wieder in die Seidenkissen zurückfallen lassen, da zischt Gerd hinter mir: »Bleib gleich, wo du bist, ich glaube, die Party ist zu Ende.«

In diesem Augenblick sehe ich, wie die Geishas sich schon mit tiefen Verbeugungen vom ›Shogun‹ verabschieden. Gerd, der sich seine ironischen Witzchen selten verkneifen kann, blickt auf die Uhr: »Drei Stunden, dann sind jetzt wohl die 12 ›Stäbchen‹ abgebrannt!«

Gefühle hinter der Maske

Manchmal hören wir abends, wenn wir im Garten sitzen, die tiefen, klangvollen Schläge der Glocken und Gongs von den Tempeln und Schreinen im nahen Park. Er liegt am Ufer eines kleinen Sees, nur wenige Schritte von dem Haus entfernt, in das wir vor fast zwei Jahren umgezogen sind. Jetzt erst – weit weg von unserem ›Ausländer-Getto‹ am Parkplatz – fühle ich mich in Tokio so richtig wie zu Hause.

Die Zweige der großen alten Bäume am Teich heben sich seit heute pinkfarben von dem leuchtendblauen Himmel ab. Vor Tagen war es nur erst ein zartrosa Hauch, jetzt haben sich die Blüten voll entfaltet. Auch der Kirschbaum in Kimoto-sans Garten ist jetzt ein einziges Blütenmeer, und gestern brachte sie mir davon einige Zweige vorbei. Kimoto-san, eine ältere Dame, ist meine Nachbarin. Sie wohnt mit ihrem Mann im Haus gleich nebenan. Schon kurz nach unserem Einzug haben wir uns bei ihr und allen anderen japanischen Nachbarn in unserem neuen Viertel vorgestellt.

In dem kleinen Sträßchen hinter uns leben die Takaharas mit ihren drei Kindern. Der Mann ist Taxifahrer und meist bis spät in die Nacht unterwegs.

Schräg gegenüber, auf der anderen Straßenseite, wiederholt sich jeden Morgen das gleiche Ritual: Anderthalb Stunden bevor Shimizu-san – er soll Präsident einer Ölfirma sein – das Haus verläßt, fährt sein dunkelblauer

Dienstwagen vor. Der Fahrer streift sich die weißen Handschuhe ab, öffnet den Kofferraum und holt einen Wedel aus feinen Hühnerfedern heraus. Damit entfernt er die letzten Staubflusen von der am Morgen erst hochglanzpolierten Karosse. Dann wischt er noch einmal über die sauberen Autoscheiben. Ab und zu hält er inne und horcht in Richtung der hohen Grundstücksmauer, ob sein Chef vielleicht schon im Anmarsch ist.
Endlich – gegen 10 – ist es soweit. Der Herr Präsident zwängt sich gebückt durch den niedrigen Dienstboteneingang, der in das breite, doppelte Holztor eingelassen ist. Nur selten, zum Beispiel wenn Gäste kommen, wird das Tor ganz geöffnet.
Außer bei diesem Morgen-Ritual, haben wir den ›Herrn Präsidenten‹ kaum gesehen. Gesprochen haben wir mit ihm noch nie. Gelegentlich, wenn wir um die gleiche

›Nur nicht auffallen‹ gilt für die meisten Japaner, Ausnahmen bestätigen die Regel.

Zeit aus der Garage kommen, lächelt er uns mit einem leichten Kopfnicken zu.

»Ihr dürft nie vergessen«, hat neulich ein Freund zu uns gesagt, »daß nur jeder zehnte Japaner schon mal direkten Umgang mit Ausländern gehabt hat. Und selbst untereinander verhalten sie sich anders, als wir es gewohnt sind.

Japaner empfinden es meist als zudringlich, einem Fremden gegenüber spontan ihre Gefühle zu zeigen. In der Öffentlichkeit kapseln sie sich am liebsten hinter einer schützenden Maske ab und lassen sich nicht anmerken, was sie fühlen und denken. Oberstes Gebot ist: Seine Mitmenschen nicht mit den eigenen Problemen belasten.

Rutscht eine Frau auf der regennassen Straße aus und fällt dabei hin, gehen alle – ohne sie zu ›bemerken‹ – an ihr vorbei. Hilft nämlich jemand der Gestürzten wieder auf die Beine, so belastet er sie mit einer Schuld, mit der Verpflichtung zur Dankbarkeit.

Dieses Verhalten der sonst so rücksichtsvollen Japaner erscheint uns Ausländern paradox und rätselhaft. Wie sollten wir auch die Regeln durchschauen, die das Zusammenleben so vieler Menschen auf so engem Raum seit Jahrhunderten bestimmen?

»Dieses ewige Lächeln kann doch nicht ehrlich gemeint sein. Man weiß ja nie, woran man mit denen ist.« Immer wieder habe ich diese Bemerkung von ausländischen Geschäftsreisenden gehört. Auch mir kommen, nach all meinen Begegnungen mit Japanern, oft noch Zweifel, ob ich sie wirklich verstehe.

Lächelnd erklärt mir eine wildfremde Frau, die ich am Bahnhof treffe, den Weg. Lächelnd hält mich ein Polizist an, als ich die Geschwindigkeitsbegrenzung um 30 km/h überschritten habe. Er überreicht mir mit dem gleichen Lächeln das Strafmandat. Lächelnd berichtet die Nach-

richtensprecherin von einem Erdrutsch in Westjapan. Und immer noch lächelnd erklärt sie, daß zwei Personen vermißt und über 260 Menschen evakuiert werden mußten.
Mit Heuchelei, das weiß ich inzwischen, hat diese so offen zur Schau getragene ›Heiterkeit‹ nichts zu tun.
Vor ein paar Monaten stehe ich mit Kimoto-san, meiner Nachbarin, im Garten. Wir unterhalten uns über das in Japan zweimal jährlich fällige Beschneiden der Bäume und Büsche. Plötzlich kommt Marcel auf die Terrasse – ruft mich ganz aufgeregt ans Telefon. Ein Anruf aus Deutschland: Ich soll noch am gleichen Tag nach Hause fliegen, meinem Vater ginge es sehr schlecht.
Verstört laufe ich in den Garten zurück, will mich schnell von meiner Nachbarin verabschieden. Sie hört die Geschichte des Anrufs, schaut mich einen Augenblick schweigend an – und lächelt. Dann sagt sie: »Vorige Woche ist meine Mutter gestorben. Sie war schon sehr alt und lange Zeit krank.«
Ich bin über ihren Gesichtsausdruck so erstaunt, daß mir nicht einmal ein paar passende Worte des Beileids einfallen.
Kimoto-san wünscht mir gute Reise und wendet sich dann schnell ab. Während sie ihre Haustür aufschließt, kann ich ihr Gesicht von der Seite erkennen: Sie wischt sich mit dem Handrücken Tränen aus den Augen . . .

Alte Kameraden

Oft – so zeigte uns das folgende Erlebnis – fällt es Japanern schwer, persönliche Probleme mit Fremden zu teilen. Häufig ist es ein langer und mühsamer Umweg, der sie, sicher nach harter Überwindung endlich dazu bringt, sich jemandem anzuvertrauen.

Wieder einmal sind wir nach einem Heimaturlaub auf dem Rückflug nach Tokio. Während die Stewardeß nach dem Essen die Tabletts abräumt, bemerke ich, daß ein älterer Japaner schon seit einiger Zeit zu uns herüberschaut. Er sitzt gleich neben uns, ganz allein, in der Mittelreihe am Gang. Jetzt will er sich eine Zigarette anzünden, aber sein Feuerzeug funktioniert nicht. Gerd gibt ihm Feuer. Der alte Herr bedankt sich auf deutsch und spricht gleich weiter, als hätte er den ganzen Flug schon auf diese Gelegenheit gewartet. Das sei die erste Reise seines Lebens nach Europa gewesen, erzählt er freudig erregt. Italien habe er sich zuerst angesehen, danach die Schweiz, und dann hätte er noch Süddeutschland bereist.

Wir trinken mit ihm ein Fläschchen Wein und sind erstaunt zu hören, daß er – ohne Gruppe – alles ganz allein unternommen hat. Und das in seinem Alter! Der Mann muß über 70 sein.

Als wir nach der Landung in Tokio bereits die Gangway verlassen haben, steht in der Flughafenhalle plötzlich der alte Herr wieder neben uns. Verlegen lächelnd und Entschuldigungsworte murmelnd, bittet er, daß wir uns mit ihm zusammen fotografieren lassen. Er hat auch schon einen Helfer gefunden, einen jungen japanischen Touristen, der auf den Auslöser drücken soll. Nachdem das Foto gemacht worden ist, tauschen wir noch die Visitenkarten aus und verabschieden uns.

Monate später – wir hatten die Reisebekanntschaft längst vergessen – erhalten wir Post aus dem Süden Japans. Als ich den Umschlag geöffnet habe und das Foto vom Flughafen sehe, fällt mir der alte Herr wieder ein. Unter dem Briefkopf seines Schweizer Urlaubshotels schreibt er in liebenswert holprigem Deutsch:

HOTEL
NICOLETTA
CH-3920 ZERMATT

GRILLROOM CARNOTZET BAR SAUNA SWIMMINGPOOL
TELEFON 028-66 11 51 TELEX 38 108

Anrede ;- Lieber Herr Pelletier und Frau.
Wie geht es Ihnen! Ich war mit Ihnen in
Lufthansa-Flug aus Frankfurt 24 Juli '84.
Ich freue mich, Sie Kennenzulernen.
Ich schenk für Sie Ihnen Photo, aber es ist
nicht so gut, das tut mir leid.
Hätten Sie mir zu helfen!
Das ist sehr Schwirlich und Das ist sehr alt.
Das ist meine alt ein deutsch freund.
Ich Kenner nur sein Name, "Bültof."
Er ~~ist~~ war sehr geehrter Herr Engineer.
Von KRUP Düsseldorf. eisen und stahl
großet Industry.
Er war herzlich, Wunderbar Enginer
Ich hatt achte ihn hoch!!
Er bleibt in Indonesien, Bandon, mit Frau
1943 April – 1945 August. Ich arbeit mit
Ihm.

Anrede: – Lieber Herr Pelletier und Frau.

Wie geht es Ihnen! Ich war mit Ihnen in Lufthansa-Flug aus Frankfurt 24. Juli '84. Ich freue mich, Sie kennenzulernen. Ich schenk für sie Ihnen Photo, aber es ist nicht so gut, das tut mir leid.
Hätten Sie mir zu helfen!
Das ist sehr Schwirlich und Das ist sehr alt. Das ist meine alt ein deutsch freund. Ich kennen nur sein Name »Bülthof«. Er war sehr geehrter Engineer. Von KRUP Düsseldorf. eisen und stahl großet Industry.
Er war herzich. Wunderbar Engineer. Ich hatt achte ihn hoch!! Er bleibt in Indonesia, Bandon, mit Frau 1943 April – 1945 August. Ich arbeit mit ihm.
Paarmal hab' ich zu Hause besucht.
Er war ein kluger Engineer, ein gentleman und patriot, der sein Heimat Deutschland sehr liebte.
Ich war sehr Glücklich, weil ich mit ihm 3 Jahr in selbe Fabrik arbeiten konnte.
Dieser Zeit war ich Technischer Officer in japanische Armee.
Ich hatt von ihm viel gelernt, Besonder viel hochtechnologische problem. Er war immer sehr freundlich zu mir.
Er war Expert-Engineer für hydraulic-press-Maschin von Krup.
1945, 15. August mein Japan war besiegt im Krieg. Unser fabrik war oft angegriffen von Indonesia. Sie haben Krieg gemacht für Unabhängigkeit. Wir (ich und Bülthof) war gezwungen, abschied zu nehmen.
Es war vor 39 Jahre!!
Eine ser lange Zeit ist vorbei, 39 Jahre. Aber ich kann ihn immer nicht vergessen. Ich bin sehr besorgt für ihn, aber kann nichts tun, zu helfen.
Ich möcht wissen, wo ist er?

Er kann wohl zurück sein nach Deutschland. Er war älter als ich, so 10–15 Jahr. Wenn er ist noch gesund, muß sein über 80 Jahre alt.
Ich wünsch er lebt gesund und glücklich leben in sein Land.
Ich freue mich auf Ihre Antwort und grüß Sie inzwischen als ihr Kozo Tokuda.

Auf Wiedersehen.

Ein paar Monate lang haben wir uns – gerührt von solcher Anhänglichkeit – bemüht, Herrn Tokudas alten Kameraden wiederzufinden. Gute Freunde in der Firma durchkämmten für uns in Essen die Personalbögen und Rentner-Akten der Fa. Krupp. ›In Indonesien war unser Konzern zwar im Krieg mit Montagearbeiten beschäftigt‹, hieß es in der Antwort. ›Doch über einen Mitarbeiter namens Bültof, Bülthoff oder Bültow finden wir keine Unterlagen. Vielleicht war ein Ingenieur dieses Namens auch nur auf Zeit vor Ort beschäftigt und ist so nicht in die Stammrolle eingegangen.‹
Enttäuscht haben wir Tokuda-san das Ergebnis der Nachforschungen mitgeteilt.
Ob er die Akte Bülthof nun auch für sich geschlossen hat? Der alte Herr schreibt uns noch regelmäßig und lädt uns immer wieder ein, ihn doch einmal zu besuchen. Im nächsten Jahr werden wir ihn in Südjapan wiedersehen.

Aufmarsch zu Kaisers Geburtstag: Einer der ältesten Untertanen des Tenno.

Glossar

ARUBAITO	Gelegenheitsarbeit, Job (vom deutschen ›Arbeit‹)
BONSAI	speziell in Töpfen oder Kästen gezüchtete, durch Beschneidung der Äste und Wurzeln kleingehaltene Zwergbäume
CHARUMERA	Chinesische Holzflöte
CHIZU	Landkarte, Plan
CHOME	Stadtbezirk, Häuserblock
DANNA	Herr, Patron, Gönner, Beschützer
DEPATO	Kaufhaus (vom englischen Department-Store)
FUTON	gefütterte Schlafmatten
GAIJIN	Ausländer
GETA	hohe Holzsandalen
GINZA	bekannteste Einkaufsstraße in Tokio
HANKO	Siegel, Namens-Stempel
HIRAGANA	runde Silbenschrift für japanische Wörter und Lehnwörter, die sich nicht mit den chinesischen Schriftzeichen darstellen lassen
IMARI	bekanntestes japanisches Porzellan, benannt nach der Hafenstadt Imari, über die der Export ging (seit dem 17. Jahrhundert)
JUKU	private Nachhilfe- und Paukschule
KABUKI	klassisches japanisches Schauspiel
KAMI	(im Shinto-Glauben) Gottheit, Geist, höheres Wesen
KAMPAI	Prosit (wörtl.: trockene Gläser)
KANJI	chinesische Schriftzeichen

KATAKANA	eckige Silbenschrift zur Schreibung nichtchinesischer Lehn- und Fremdwörter
KIMOCHI	(so schwer zu übersetzen wie das deutsche Wort ›Gemütlichkeit‹) undefinierbare Aura des Wohlbehagens und der zwischenmenschlichen Übereinstimmung
KOBAN	kleine Polizeiwache, zuständig für einige Häuserblocks
KYOIKU MAMA	Erziehungs-Mutter, Frau, die sich allzu intensiv um die Kindererziehung kümmert
MAMA-SAN	Bar- oder Kneipenwirtin
MEIJI-REFORM	Japans Öffnung und Modernisierung unter dem Kaiser Meiji (1852–1912), dem nach einer Revolte (1868) und Beseitigung der Shogun-Herrschaft die volle Staatsmacht zurückgegeben wurde
MEISHI	Visitenkarte
NAKODO	Heiratsvermittler
NO	traditionelles japanisches Tanztheater (aus dem 14. Jahrhundert)
OBENTO	Lunch-Paket
OBI	breite Kimonoschärpe
O-CHUGEN	Saisongeschenk zur Mittsommerzeit
O-FURO	japanisches Bad, Badestube
OHAYO-GOZAIMASU	guten Morgen (wörtl.: ›Es ist früh . . .‹)
OISHII	lecker, schmeckt gut
OKUSAN	(wörtl.: die Frau im Inneren) Gattin, Ehefrau)
OMAWARI-SAN	Polizist, Streifenbeamter (eigentlich: der Herr Herumgeher)
OMIAI	arrangierte Brautschau
ONNAGATA	männlicher Frauendarsteller im Kabuki-Theater
O-SEIBO	Saisongeschenk zur Jahreswende
O-SHIBORI	feuchtheiße Erfrischungstücher
PUREZENTO	Präsent, Geschenk
RAMEN	chinesische Weizennudeln, auf japanische Art zubereitet

ROMAJI	Umschrift des Japanischen ins lateinische Alphabet
RYOKAN	traditionelles Hotel im japanischen Stil
SARARIMAN	Angestellter, Gehalts-, (engl.: salary) Empfänger
SAMURAI	mittelalterlicher japanischer Kriegeradel, Ritter
SHAMISEN	dreisaitiges Lauteninstrument
SHINKANSEN	Superexpreß-Linie der japanischen Eisenbahn (Spitze: 210 km/h)
SHINTO	›Weg der Götter‹, japanische Religion
SHOGUN	Militärregent, die wahren Machthaber in Japan zwischen 1192 und 1867
SHOJI	mit weißem Papier bespanntes Schiebefenster
SHOWA	›Erleuchteter Friede‹. Motto der Regierungszeit Kaiser Hirohitos seit 1926 Auch: Zählweise des japanischen Kalenders, die mit jeder Kaiser-Inthronisation neu beginnt (1987 z. B. = showa 62)
SUMIMASEN	Entschuldigung, Verzeihung
TABI	japanische Strumpfschuhe
TAMAHIMEDEN	Juwelenprinzessin-Palast (häufiger Name für Hochzeitshallen)
TATAMI	Reisstrohmatte
YAKIIMO	geröstete Süßkartoffel
YAKIDOFU	gebackener Sojabohnen-Quark
YAKITORI	am Spieß gegrillte Hühnerfleischstücke
YUKATA	leichter Baumwollkimono, Haus- und Sommergewand

Ein Buch, das einen tiefen Einblick in die japanische Geschichte und die Mentalität der Japaner gewährt

Als Band mit der Bestellnummer 10707 erschien:

In bewegenden Bildern schildert die Autorin, wie es dazu kam, daß das Inselreich sich für mehr als zwei Jahrhunderte in die totale Isolation begab, wie dann der Wissenshunger wuchs und sich daraus eine Gesellschaft bildete, die heute die ganze Welt durch ihre Leistungsfähigkeit in Atem hält.

»Ein faszinierendes Buch, das mit den Mißverständnissen im Westen über Leben und Denkart der Japaner aufräumt.« DIE WELT

BASTEI LÜBBE